傳古挹芳

徐無聞手拓集珍

刘石敬题

徐立 整理

广西师范大学出版社
GUANGXI NORMAL UNIVERSITY PRESS
· 桂林 ·

傳古挹芳：徐無聞手拓集珍
CHUANGU YIFANG: XU WUWEN SHOUTA JIZHEN

出版統籌：湯文輝
出 品 人：喬祥飛
責任編輯：劉一江
責任校對：閆　曦
責任技編：王增元
書籍設計：田　潔

圖書在版編目（CIP）數據

傳古挹芳 ： 徐無聞手拓集珍 / 徐立整理. -- 影印本. -- 桂林 ： 廣西師範大學出版社，2024. 8. -- ISBN 978-7-5598-7165-7

Ⅰ. K87

中國國家版本館 CIP 數據核字第 2024UE0958 號

廣西師範大學出版社出版發行
（廣西桂林市五里店路 9 號　郵政編碼：541004
網址：http://www.bbtpress.com）
出版人：黄軒莊
全國新華書店經銷
三河弘翰印務有限公司印刷
（河北省三河市黄土莊鎮二百户村北　郵政編碼：065200）
開本：889 mm × 1 194 mm　1/16
印張：12.75　　字數：204 千
2024 年 8 月第 1 版　　2024 年 8 月第 1 次印刷
定價：398.00 元

徐無聞先生像

出版説明

徐無聞（一九三一—一九九三），名永年，字嘉齡，四川成都人，三十歲後因耳疾失聰，更名無聞。徐無聞是當代著名學者、書法家、篆刻家，中國書法家協會理事，四川省文聯常委，西泠印社社員，四川文史館館員。一九五四年，徐無聞畢業於四川大學中文系，後在西南師範大學任教，致力中國古典文學、書法篆刻的教學與研究工作，其書法、篆刻作品多次入選國内外重大展覽，在全國第一、二届篆刻展及《書法》雜志社主辦的全國篆刻評選中擔任評委。發表的文章有《褚遂良書法試論》《小篆爲戰國文字説》《〈顔真卿書竹山連句〉辨僞》《篆隸書法簡論》《〈寰宇貞石圖〉淺説》等，參與編撰《漢語古文字字形表》《秦漢魏晋篆隸字形表》《甲金篆隸大字典》等書。

本書精選了一百六十四件徐無聞在不同時期創作的不同風格的手拓作品，均爲首次出版，涉及甲骨、青銅器、古兵器、泉幣、銅鏡、漢磚瓦、古玉器等十餘個種類，内容豐富、形式多樣，學術價值和藝術價值并重，全面展示了他在文物收藏、藝術鑒賞方面的深厚造詣與成就。

徐無聞的藝術生涯和學術貢獻在中國書法界、學術界及教育界均產生了深遠的影響。他出身名門，自幼受家庭氛圍熏陶，在父親徐壽的指導下學習古代文史及金石書畫等，後師從易均室、周菊吾、方介堪等大家。他是二十世紀巴蜀書法、篆刻的杰出代表，對巴蜀文化的傳承與發展起到了重要的推動作用，在文字學、金石學、碑帖考證、書法、篆刻、詩詞、繪畫、教育及收藏等多個領域均有深厚造詣，堪稱全能型藝術家與學者。其書法作品古雅秀潤，篆、隸、楷、行、草各體皆精，尤以篆書最爲人稱道，對『中山王器』等古文字的繼承與研究更是其藝術生涯中的一大亮點。

徐無聞不僅在藝術創作上成就斐然，在學術研究上也貢獻突出。他提出的『小篆爲戰國文字説』，以及『腕肘懸空論』等觀點，在書法史論研究上具有重要的開創性意義。同時，他還積極參與了《漢語大字典》《秦漢魏晋篆隸字形表》等重要著作的編寫工作，爲古文字學及書法史的研究奠定了堅實基礎。在教育領域，徐無聞先生更是功勛卓著。他是西南大學書法篆刻碩士點的開創者之一，培養了大批優秀的書法篆刻人才，爲『西師書派』的形成與發展奠定了堅實的基礎。他注重全面提升學生的素養，强調文字學、金石學、古典詩詞等多方面的學習，對後學影響深遠。

徐無聞先生的人格同樣令人敬仰。他一生勤奮自强，在諸多領域開拓創新，取得了巨大的成就。他的藝術精神和人格風範不僅激勵了無數後輩學者和藝術家，也爲中國傳統文化的傳承與發展樹立了典範。

希望這本《傳古挹芳——徐無聞手拓集珍》能够使讀者從中領略中國傳統文化和藝術的豐富内涵，同時也能通過這些拓片瞭解前人嚴謹治學的學術精神、深厚的藝術修養和獨特的人格魅力。

廣西師範大學出版社北京文獻出版中心

二〇二四年八月

前言

《傳古挹芳——徐無聞手拓集珍》是無聞公手製拓片的匯集，很零碎，很分散，也很雜亂。近些年，我在整理他的遺著時經常會有一些小驚喜，今天發現一張拓片，過兩天又看到他的一段題跋，每次見到這些東西，眼前就浮現出他生前的影像。從我記事開始，他每天都在匆忙中度過，走路快、吃飯快，晚上睡覺絶不會早於凌晨兩點。當然，更多的時間是在書桌前，讀書、翻書、查對資料、寫作，周而復始。有不少朋友問過我，先生有没有娛樂活動，先生散不散步，鍛不鍛煉，等等。這些看似簡單的問題却并不好回答。家裏有電視後，他每天看半小時的新聞聯播，從不多看一分鐘。没有電視的時候，這半小時都没有。大衆喜愛的棋牌樂、釣魚、歌舞、體育等，對他來説像是另一個世界。一次他對我説：『打牌起貪心，釣魚起殺心，跳舞起淫心。』我知道他是在説我，因爲我曾經也迷戀麻將。父親有没有放鬆娛樂的事情呢？回答是肯定的，眼前這本《傳古挹芳——徐無聞手拓集珍》就是他娛樂放鬆之一種。書中呈現了甲骨、青銅器、古兵器、泉幣、銅鏡、漢磚瓦、古玉器等十餘個種類，一百六十四件拓片。

體量不大，但種類多，文字多，精品多，資料性强，很能體現一個學者的精神世界和興趣雅好。

父親對古物有一種天然的愛好和領悟，這與他的生活環境有極大的關係。我祖父鴻冥翁自幼即勤奮讀書，十三歲便設帳授徒，掙錢貼補家用，年稍長即外出謀事，以教書、鬻字、刻印養家。他節衣縮食，買了大量書籍、拓片還有一些古物，經過長年的歷練，他在書畫、古籍等文物的鑒定方面達到了很高的水平。無聞公在這樣的家風熏陶下，自幼便與古物結下了不解之緣。自一八九九年王懿榮偶然發現甲骨上的文字後，劉鶚、羅振玉、王國維等跟進發揚，并確認了甲骨文爲中國文字的起源，甲骨文研究蔚然成風，成爲學術研究的前沿。但甲骨文的一手資料很難見到，無聞公首次見到甲骨文的實物當是在易均室先生家裏。據易先生與胡厚宣先生的信札可知，他藏有甲骨一百五十餘片，大多有文字，這在當時已是了不起的收藏大家。本書中的十八張甲骨拓片，就是當年無聞公從易先生手裏借拓的。由此發端，無聞公便對甲骨文進行了系統研究，并手抄《甲骨文編》約二十萬字。這在後來編寫《漢語大字典》、主編《甲金篆隸大字典》以及書法創作中都得到了充分的發揮。每當市面上出現無聞公的甲骨文書法作品時，人們總會發出贊嘆，他的書法作品字形標準、筆力老辣、篆刻性强，具有極高的觀賞性。殊不知它的源頭正是書中這小小的十八張甲骨文拓片。

青銅器銘文是中國文字發展史上的一座高峰。它的發現比甲骨文早了許多。宋代就有歐陽修《集古録》、趙明誠夫婦《金石録》行世。以後文脉不斷，至清代小學大興，從翁方綱、吴大澂、畢沅等一衆朝廷大員，到一般文人學者，無不熱衷於金石文字研究。一者從歷史的角度考察朝代的更替；一者從銘文的内容考證先秦的禮儀；一者將銘文記載與史書比對，進而對當時的社會制度、經濟狀況、軍事戰争進行研究；一者對銘文的字形、字義進行考證；可謂各顯神通，盛况空前。無聞公從小學開始就對金文有所接觸，中學時已經能粗識斷句，雖然所見青銅器實物不多，却十分熱衷於把玩拓片。書中的秦詔版、秦二世詔版，就是家藏。他不但自己學習臨摹，還手拓分贈同學。對於青銅器銘文，他認爲有兩方面的價值，一是字形的發展和演變，一是書法的藝術價值。書中收録的銘文他大多都臨寫過，我手裏有一件他十六歲時臨寫的銘文，已有濃烈的書法韵味。他在這個領域的研究集中體現在了《漢語古文字字形表》《秦漢魏晋篆隷字形表》《小篆爲戰國文字説》等著作和論文裏。到上世紀八十年代，河北滿城中山王墓被發掘，『中山三器』面世，無聞公更是在第一時間將其引入書法領域，此後，『中山王器字』在中國書法界以一種嶄新的面目出現了。雖然這類國寶級的文物不能上手做拓，但憑藉對青銅銘文的敏感和長期研究的功底，他成爲了將『中山王器字』引入書法創作的第一人。

古兵器和古泉幣是一個非常小衆的收藏研究領域，但却是研究考證中國古代軍事、經濟的重要材料。父親對此幾乎不涉獵。書中的古兵器是民國時期四川出土的，上面的文字有學者認爲是古蜀國文字，與四川出土的銅印上的文字類似，至今尚未識别。泉幣拓片大多來自易均室先生的收藏，他借拓的這些泉幣多爲稀見品種。書中有三種泉範，圖案、紀年都很清晰，是重慶夏昌謙先生的藏品。昌謙先生與父親是忘年交，因對拓片的共同愛好成爲好友，時有交流。一次，父親請他將泉範帶到家裏做拓片，昌謙先生從渝中區坐了兩小時公交車到了家門口，却敲門不應。明明聽見他在裏面咳嗽、倒水，就是不開門，無奈昌謙先生衹好敲開對面的門，從陽臺上翻墻入室。父親見到他很吃驚，待述其原委，兩人哈哈大笑，父親耳背聽不見，自然不會開門。這三張泉範拓片就留下了翻墻入室的故事。書中還有兩種川陝蘇維埃根據地的銀元，是我當年在農村教書時當地農民收藏的，我本想將其買下，無奈要價太高。我記得大約是要四十元，超過了我一個月的工資，猶豫再三没有要。學校放寒假，我向此人借來帶回家，徵求父親的意見，他看後也覺得貴，遂拓了一份拓片保留，東西則完璧歸趙。從收藏的角度看，他是將此作爲資料儲備，多多益善。

銅鏡和銅盤部分是家藏，部分是借拓。對於銅鏡，父親重點關注的還是上面的銘文。記得一次在書房裏，他拿着一張銅鏡拓片給我講：『這類銅鏡的銘文，每個字後面都有個像「天」的字，如果把它認成「天」或認成「而」，銘文讀不通，我仔細看過這個字，是一個間隔符號，這樣銘文就讀通了。』後來我遇到這種銘文，按父親説的方法去讀，果然靈驗。銅雙魚盤是我祖父收藏的，品相完整，字與圖也很清晰，我祖父很珍愛，做了一個錦緞套子裝在一個盒子裏。父親拿來拓過多次，有人見後認爲不真，我也問過他，他笑而不答，衹説這上面的字還是寫得很雄健的。

漢磚和瓦當他很喜歡，一方面是磚瓦上的文字和圖案對斷代、書法研究很有幫助，再就是殘磚斷瓦價廉，相對易得。父親得到漢磚瓦拓片往往會細看一陣，然後取筆記下來源、出土地、銘文等内容。對於磚瓦銘文，他注重的是書法方面的意義，這類銘文大多爲民間工匠所書，字迹流暢自然，很得書寫的情趣，深爲書家喜愛。我看過鴻冥翁給父親的一封信，時間是上世紀六十年代，當時鴻冥翁在成都杜甫草堂爲公園雙鈎歷代名人的匾額、對聯。一天晚飯後，他步出草堂，漫步夜市，偶然看到一方『長勿相忘』瓦當硯，要價不高，便買下帶回宿舍，開燈細看，發現硯臺上有半圈銘文：『漢陶樸茂，歷刼不朽，用爲墨地，珍逾瓊玖。乙酉三月，辛楣。』鈐印『大昕』。鴻冥翁大喜，辛楣者，清乾嘉學派代表人物，著名學者、金石學家錢大昕也。遂磨墨做拓，作書一封告知無聞，父子同樂。書中有一件漢六博畫像磚拓片，雖無文字，但畫面生動，内容豐富。方形磚上塑造了漢代的富裕之家博彩娛樂的場景，兩人對弈，兩人觀戰。左上之觀者，表情尤爲夸張，手舞足蹈，高聲大呼，弈者平静，仙鶴悠閑，動静得宜的畫面，將當時富家的日常生活栩栩如生地展示了出來。漢畫像磚是東漢時期墓葬中用於裝飾墓室壁面的一種特殊形式，用直觀生動的圖畫真實地記録了當時的生活狀態，十分珍貴。此磚於民國元年（一九一二）出土於四川新津的漢墓中，同時，墓中還出土了永建四年（一二九）磚，出土後旋歸大邑唐氏怡蘭堂。中國畫學研究會主辦的《藝林月刊》在一九三二年第三十五期刊出拓片。後來輾轉流入成都玉局村徐氏歌商頌室，無聞公方得以椎拓，流傳於世。四川漢墓出土的畫像磚大多藏於四川省博物館，因是珍貴文物，極少有拓片流傳。

玉器及文玩雜件的拓片，家藏與借拓參半。其中螭龍玉雙瓶、御題詩玉香盤、玉璧等，均爲皇家器物，玉質上乘，做工精良，雖不能親睹實物，但觀彩拓，也是一種美的享受。再如乾嘉時期的古墨、松下高士的木雕、黄楊木的臂擱等，無一不體現了中國古代工匠的審美情趣與高超技藝。

《傳古挹芳——徐無聞手拓集珍》匯集了無聞公從中學開始至老年的部分椎拓。歲月流轉，許多實物已經消失，僅憑一紙在世。我們通過此書可以感受中華文化傳承的綿延不絶，同時也能看到一個以文化傳承爲己任的學者畢生心血的結晶。至此，我可以準確地回答大家，無聞公是一個有情懷、有節操、有娱樂的學者、玩家。這本書就是他玩了一生的記録。愛玩、會玩、有學問地玩、有水平地玩。他曾經刻過一方印，印文是『足吾所好，玩而老焉』，很坦率，很真實。

徐正行

甲辰歲五月初九於縉雲山麓

目録

甲骨之一……一
甲骨之二……二
甲骨之三……三
甲骨之四……四
甲骨之五……五
甲骨之六……六
青銅鼎銘文……七
青銅鼎銘文……八
青銅鼎銘文……九
青銅鼎銘文……一〇
青銅鼎銘文……一一

青銅鼎銘文……一二
青銅器銘文……一三
青銅鐘……一四
青銅鐘……一五
青銅鐘銘文……一六
青銅鐘銘文……一七
青銅鐘銘文……一八
青銅鐘銘文……一九
秦詔版……二〇
秦詔版……二一
銅帶鈎……二二
銅帶鈎……二三
青銅戈……二四
劍　格……二五
青銅短矛……二六

青銅矛……二七
青銅矛……二八
玉刀柄……二九
玉刀柄……三〇
褲幣……三一
褲幣……三二
褲幣……三三
褲幣……三四
褲幣……三五
刀幣……三六
刀幣……三七
刀幣……三八
刀幣……三九
刀幣……四〇
刀幣……四一

刀　幣……四二
刀　幣……四三
刀　幣……四四
刀　幣……四五
鏟形幣……四六
宣和通寶……四七
古錢幣……四八
大宋淳熙庫銀……五〇
蘇維埃川陜幣……五一
古錢範……五二
神爵四年泉範……五三
五鳳元年泉範……五四
天鳳三年泉範……五五
戰國四山鏡……五六
漢銅鏡……五七

漢青蓋神獸鏡……五八
漢『陳氏作』鏡……五九
漢玉匣鏡……六〇
漢連珠雙圈銘文鏡……六一
漢神獸鏡……六二
漢『萬』字殘鏡……六三
唐『李』字鏡……六四
唐四鳳四獸鏡……六五
唐武德神獸鏡……六六
後蜀明德二年鏡……六七
宋虎溪三笑鏡……六八
宋湖州石十五郎鏡……六九
宋觀音童子鏡……七〇
宋驅鬼降魔鏡……七一
漢雙魚盤……七二

漢封泥……七三
漢封泥……七四
漢封泥……七五
西漢五鳳卮……七六
漢『建武廿九年』殘磚……七七
漢『永平三年』磚……七八
漢『永建元年』殘磚……七九
『建安二年』四面銘文磚……八〇
漢『建安五年』殘磚……八一
晋『陰』字殘磚……八二
漢『寧蜀羅氏』殘磚……八三
宋捐資供養磚……八四
齊造像殘磚……八五
『太□三年』殘磚……八六
漢殘磚……八七

漢『富貴』吉語磚……八八
漢『五十』雙鳳磚……八九
漢『蜀郡作』磚……九〇
漢磚銘　徐益生刻……九一
漢空心巨磚　易均室、徐益生跋刻……九二
薛居晃造像磚……九三
漢神仙瑞獸畫像磚……九四
漢六博畫像磚……九六
漢三脚烏畫像磚……九八
漢三脚烏畫像磚　徐益生跋刻……九九
魏造像殘石……一〇〇
漢『五鳳二年』磚研……一〇二
五鳳磚研銘　徐益生刻……一〇三
漢『永元十三年』磚研……一〇四
漢『建安五年』磚研……一〇五

吴『赤烏十年』磚研……一〇六
漢『長生未央』磚研……一〇七
漢『雙鳳拱璧』磚研　徐益生題刻……一〇八
西漢泉範研……一〇九
漢瓦研……一一〇
漢『建安三年』瓦研……一一一
漢『宜侯王』洗……一一二
漢『大吉』瓦當……一一三
『漢并天下』瓦當……一一四
漢『永奉無疆』瓦當……一一五
漢『貴』字瓦當……一一六
漢『永奉無疆』瓦當……一一七
漢『宜富昌』瓦當……一一八
漢『與天無極』瓦當……一一九
漢『長生無極』瓦當……一二〇

漢『千秋萬歲』瓦當……一二一
漢『億年無疆』瓦當……一二二
漢『維天降靈』十二字瓦當……一二三
漢『長勿相忘』瓦當……一二四
漢『大富吉』瓦當……一二五
漢『與華無極』瓦當……一二六
漢『長生無極』瓦當……一二七
漢『大富吉』瓦當……一二八
漢『大富吉』瓦當……一二九
漢『上林』半當……一三〇
玉　璧……一三一
玉　璧……一三二
玉　璧……一三三
玉　璧……一三四
玉　璧……一三五

玉佩……一三六
玉佩……一三七
玉佩……一三八
玉玦……一三九
玉玦……一四〇
龍形玉玦……一四一
玉環……一四二
玉環……一四三
玉龍環……一四四
玉帶鈎……一四五
玉帶鈎……一四六
玉龍……一四七
玉龜……一四八
玉鴛鴦……一四九
玉猪……一五〇

玉猪（脚、背）……一五一
螭龍玉雙瓶（一）……一五二
螭龍玉雙瓶（二）……一五三
青玉十八羅漢玉版（一）……一五四
青玉十八羅漢玉版（二）……一五五
御題詩香玉盤……一五六
宋『范』字款斗笠碗……一五七
宋暗花斗笠碗……一五八
宋元祐碗……一五九
蘭紫砂壺　石梅款刻……一六〇
竹紫砂壺　芝田款刻……一六一
清道光飛鴻延年紫砂壺……一六二
清黃楊木雕高士卧飲擺件……一六三
紫檀筆筒高士游樂圖……一六四
清乾隆御題詩古墨……一六五

清嘉慶製古墨（一）……一六六
清嘉慶製古墨（二）……一六七
清嘉慶製古墨（三）……一六八
清嘉慶製古墨（四）……一六九
黄楊臂擱　清餘三刻……一七〇
山水竹臂擱　清壽華款……一七一
清雙松竹臂擱……一七二
紅木小几《蜀都帖》　徐益生刻……一七三

甲骨之一

甲骨之二

甲骨之三

甲骨之四

甲骨之五

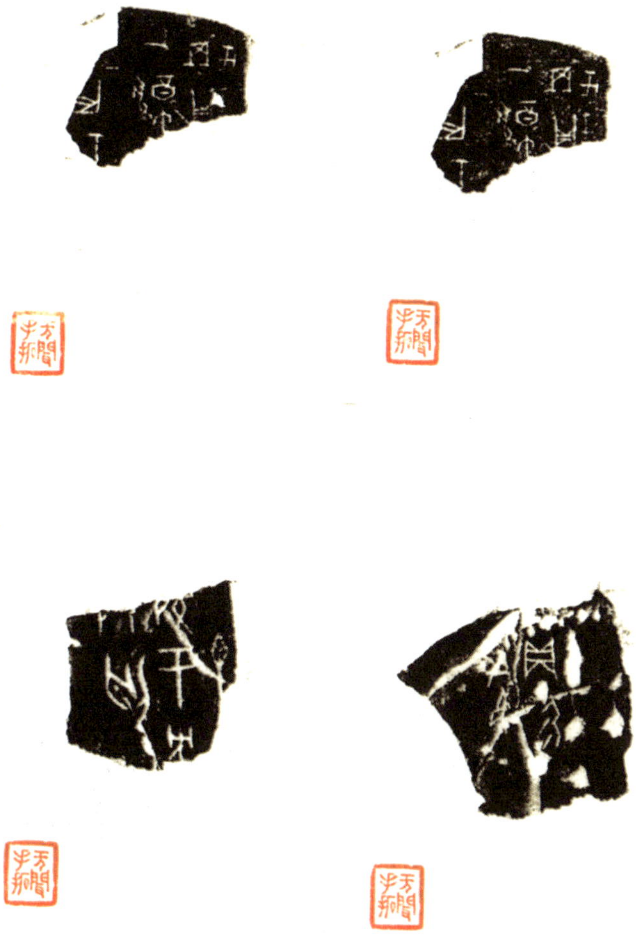

甲骨之六

青銅鼎銘文

青銅鼎銘文

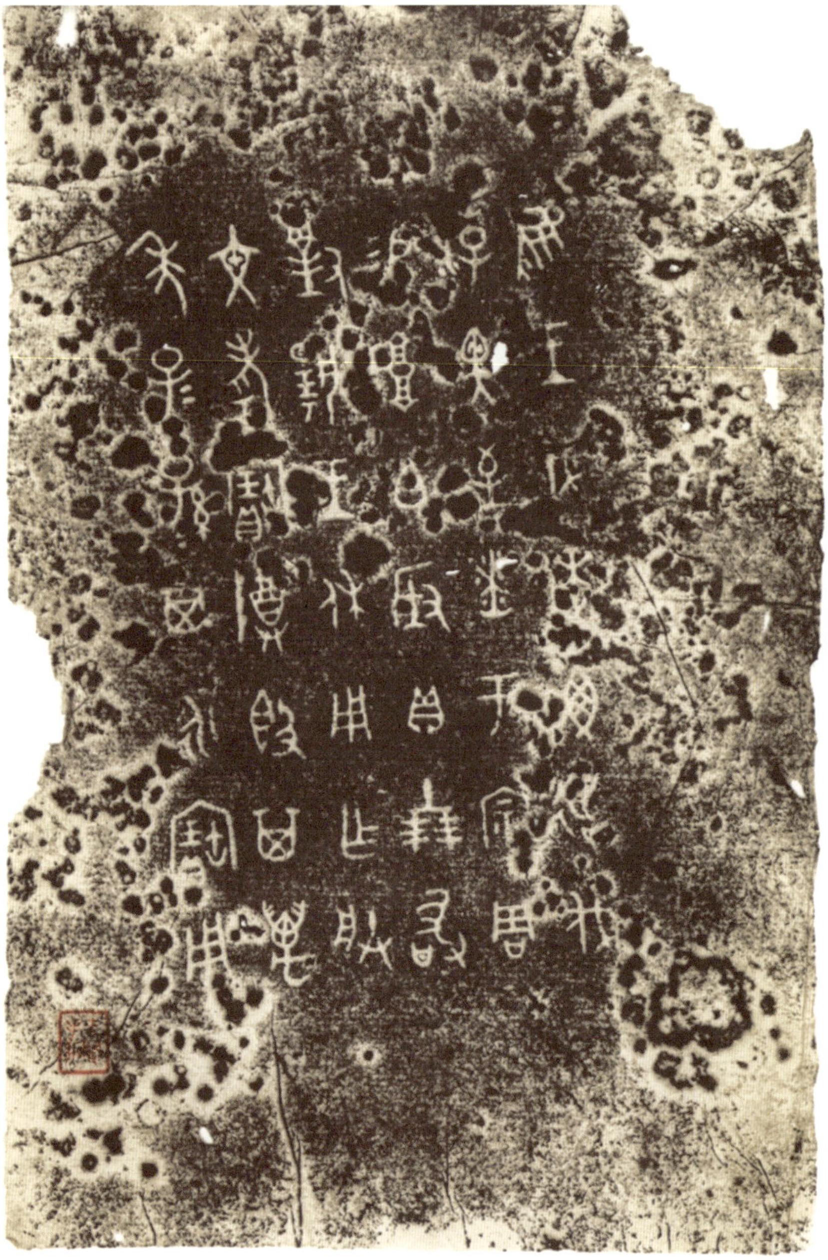

青銅鼎銘文

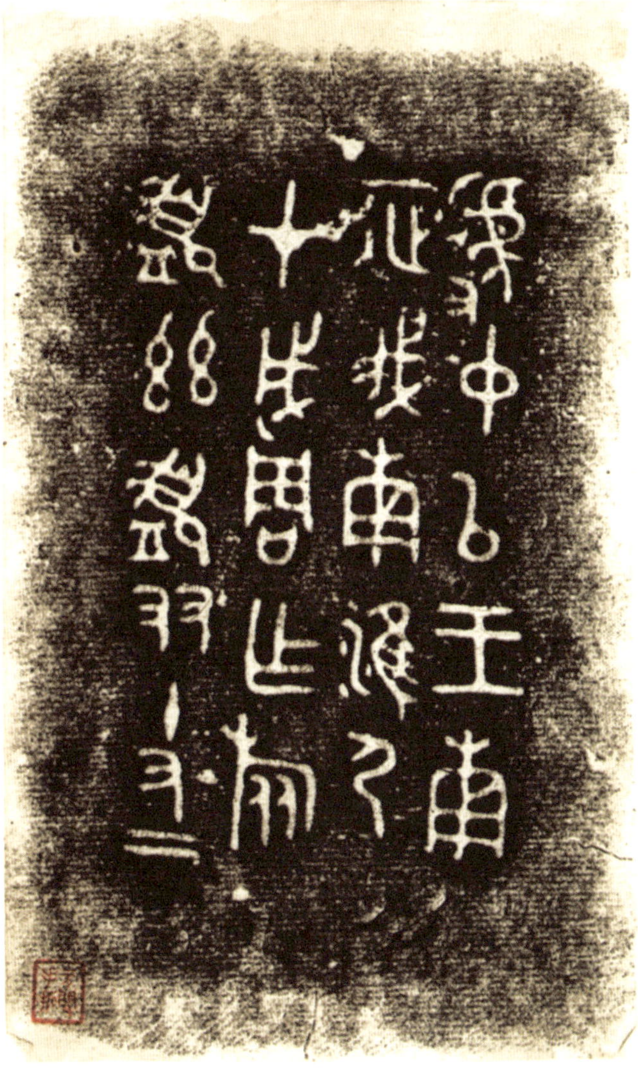

青銅鼎銘文

青銅鼎銘文

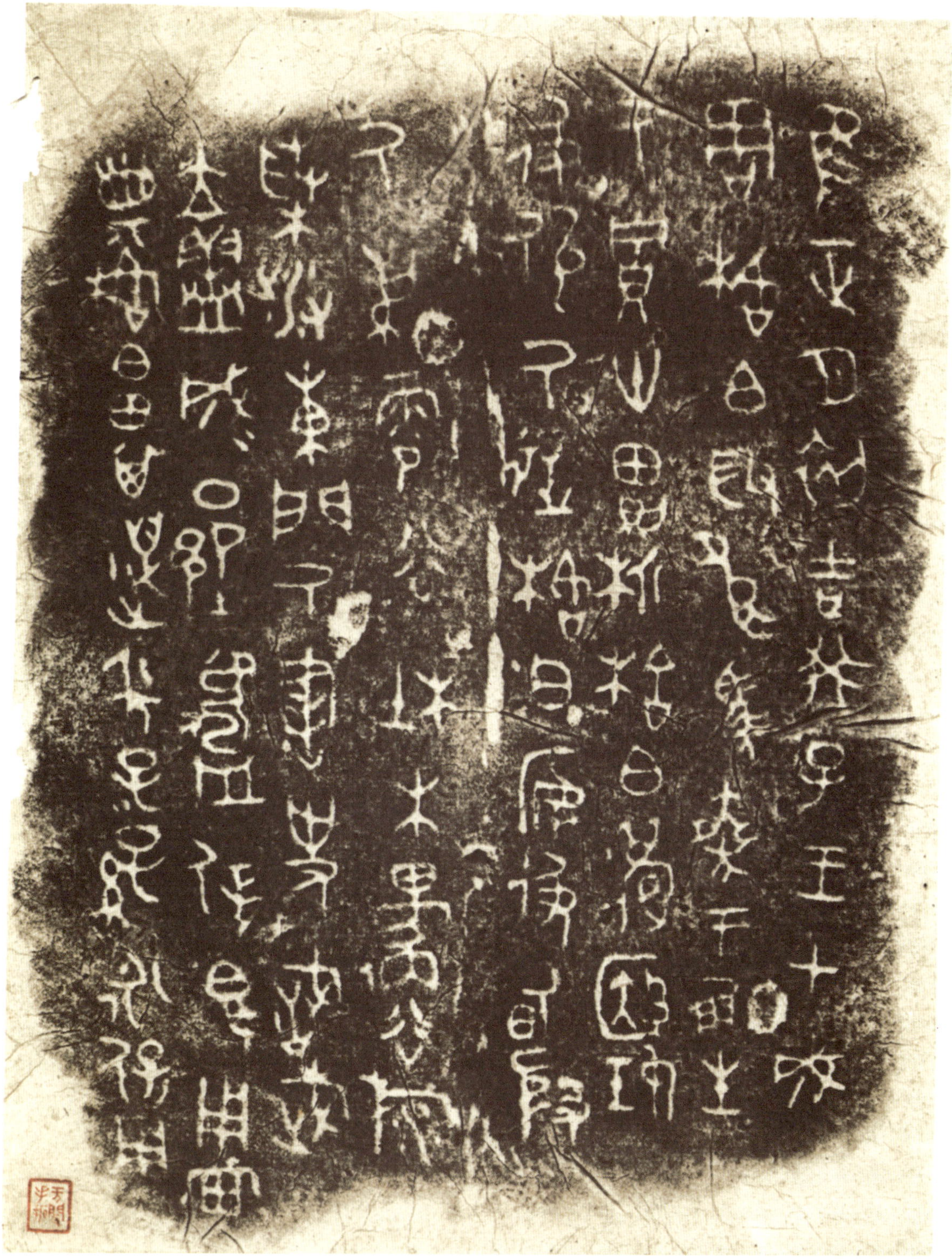

青銅鼎銘文

青銅器銘文

青銅鐘

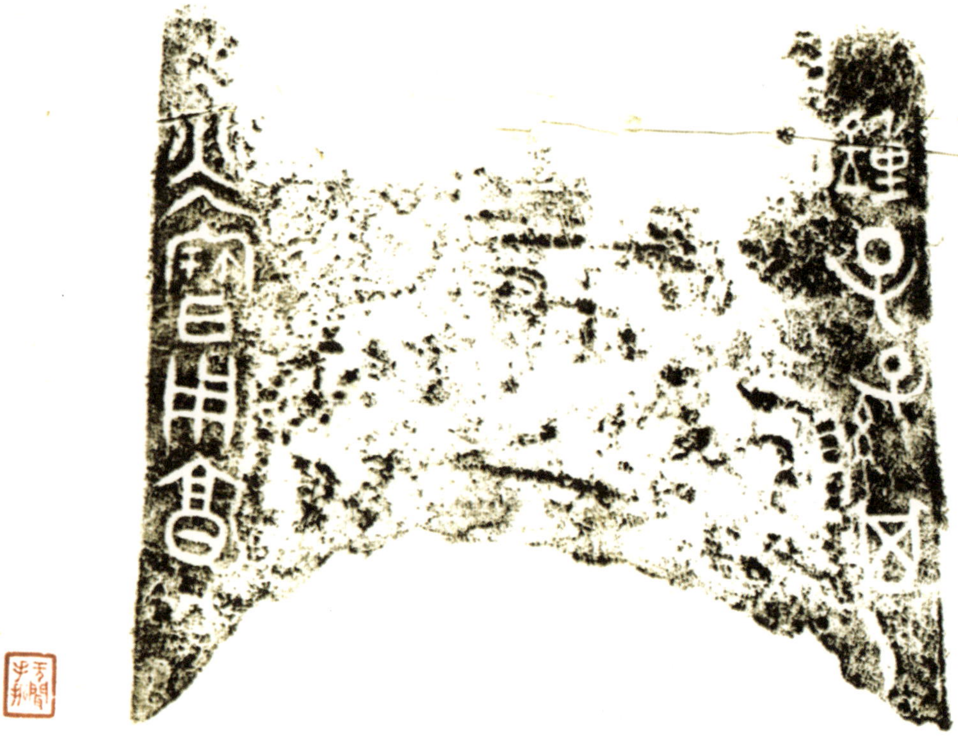

青銅鐘

青銅鐘銘文

青銅鐘銘文

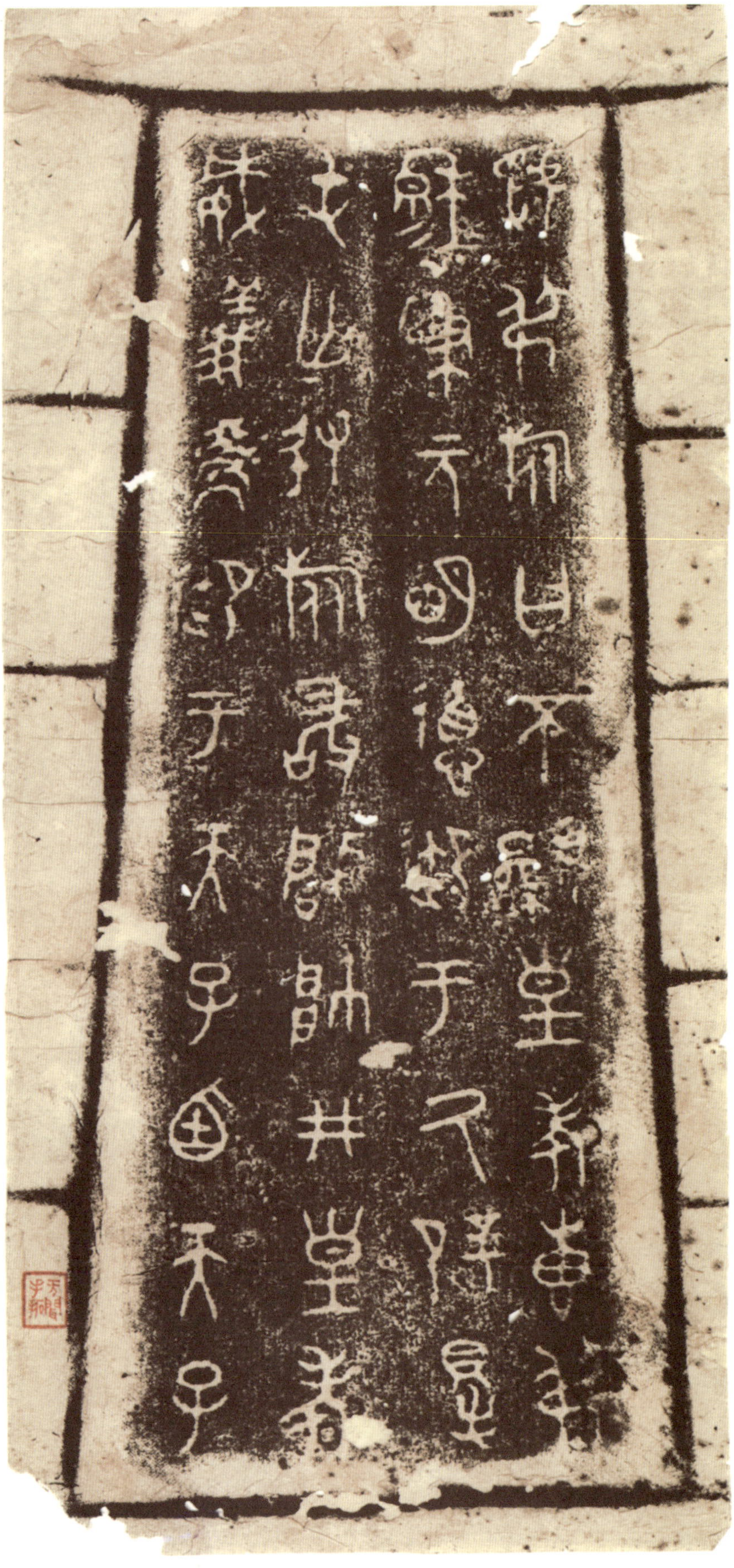

青銅鐘銘文

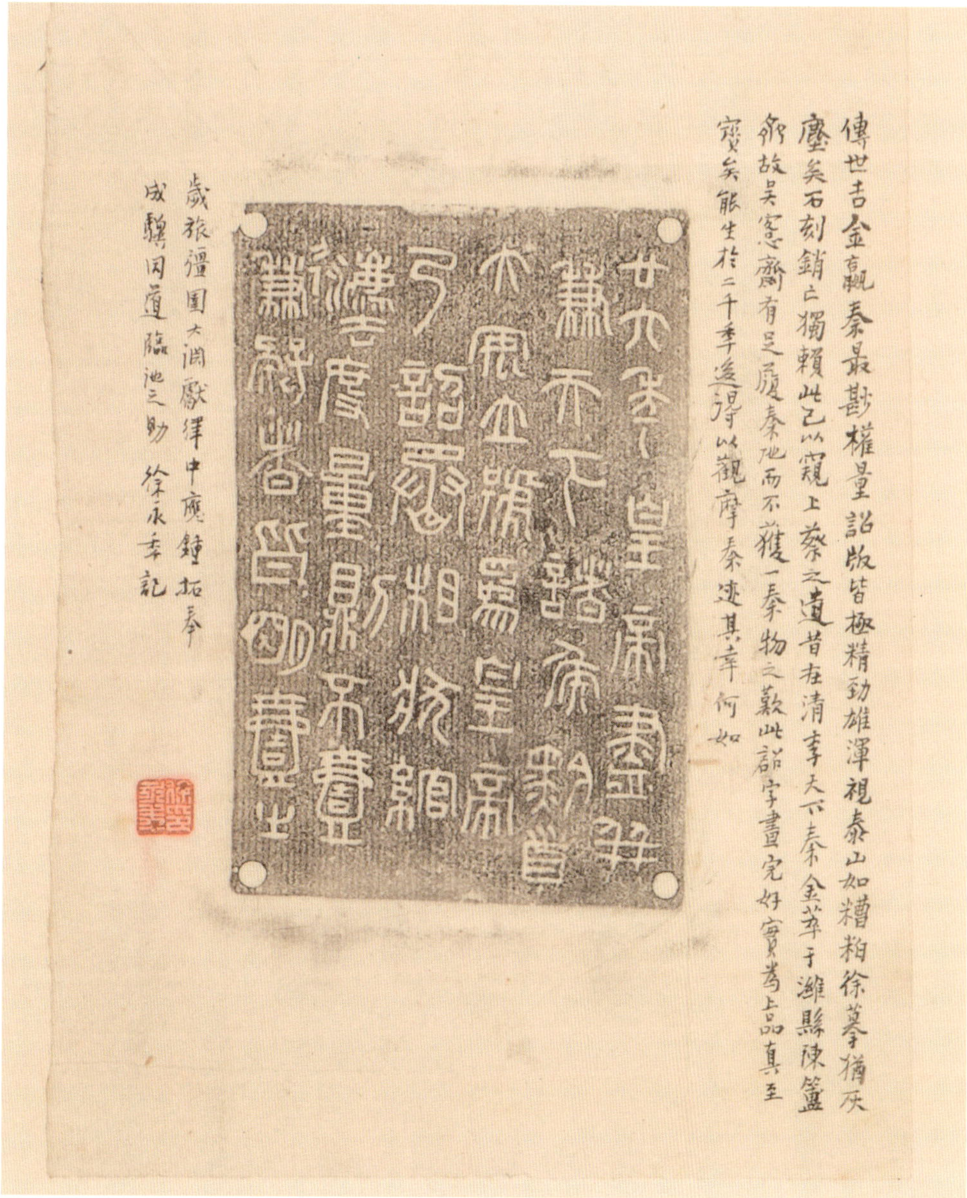
傳世吉金觚秦最尠權量詔版皆極精勁雄渾視泰山如糟粕徐摹猶厌
塵矣石刻銷亡獨賴此已以窺上秦之遺昔在清季天下秦金萃于濰縣陳簠
齋故吳窓齋有足履秦地而不獲一秦物之歎此詔字畫完好實為上品真至
寶矣能生於二千年後得以觀摩秦迹其幸何如
歲旅疆圉大淵獻律中應鍾拓奉
成驥同道臨池之助 徐永年記

秦詔版

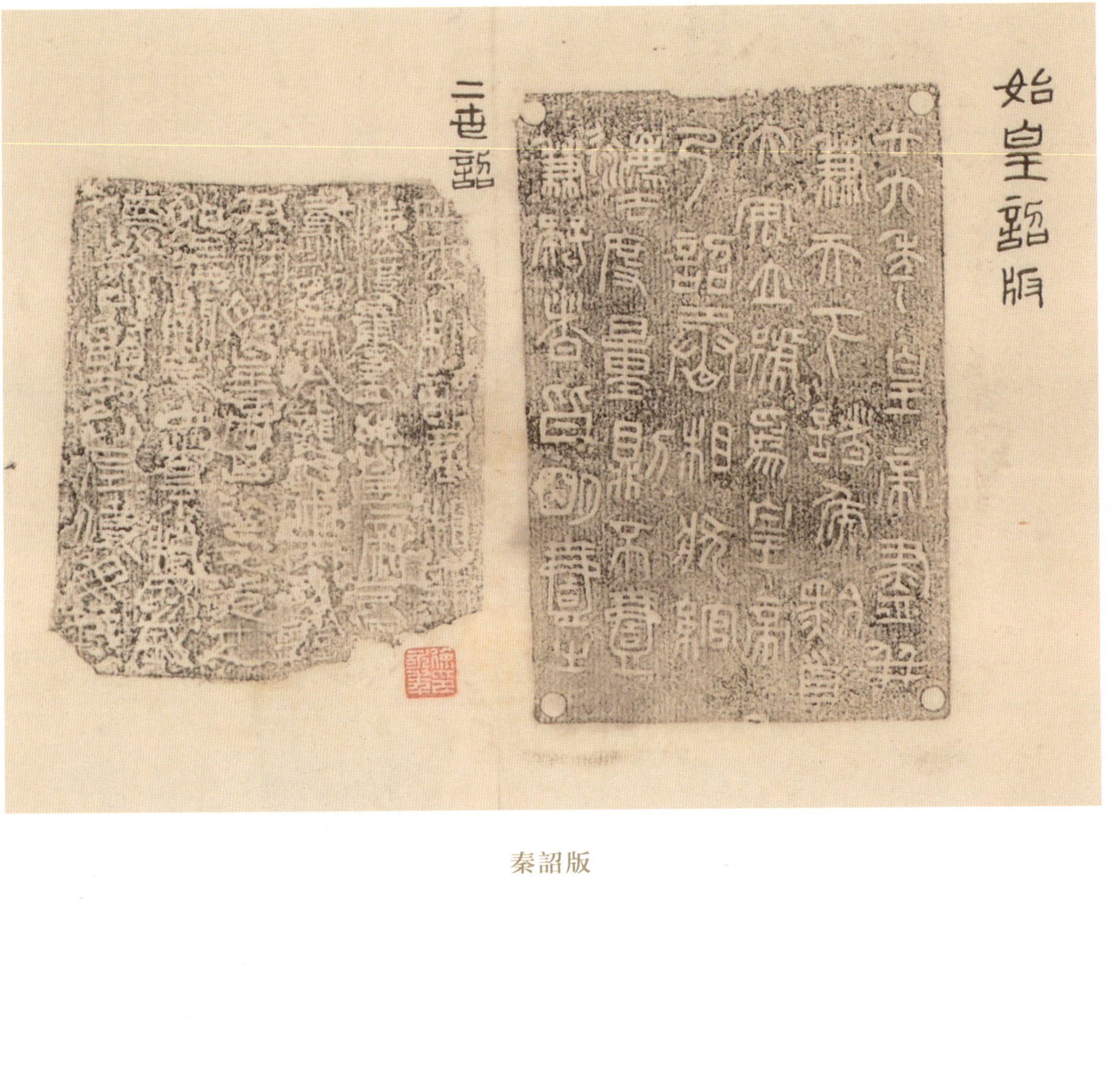

秦詔版

銅帶鈎

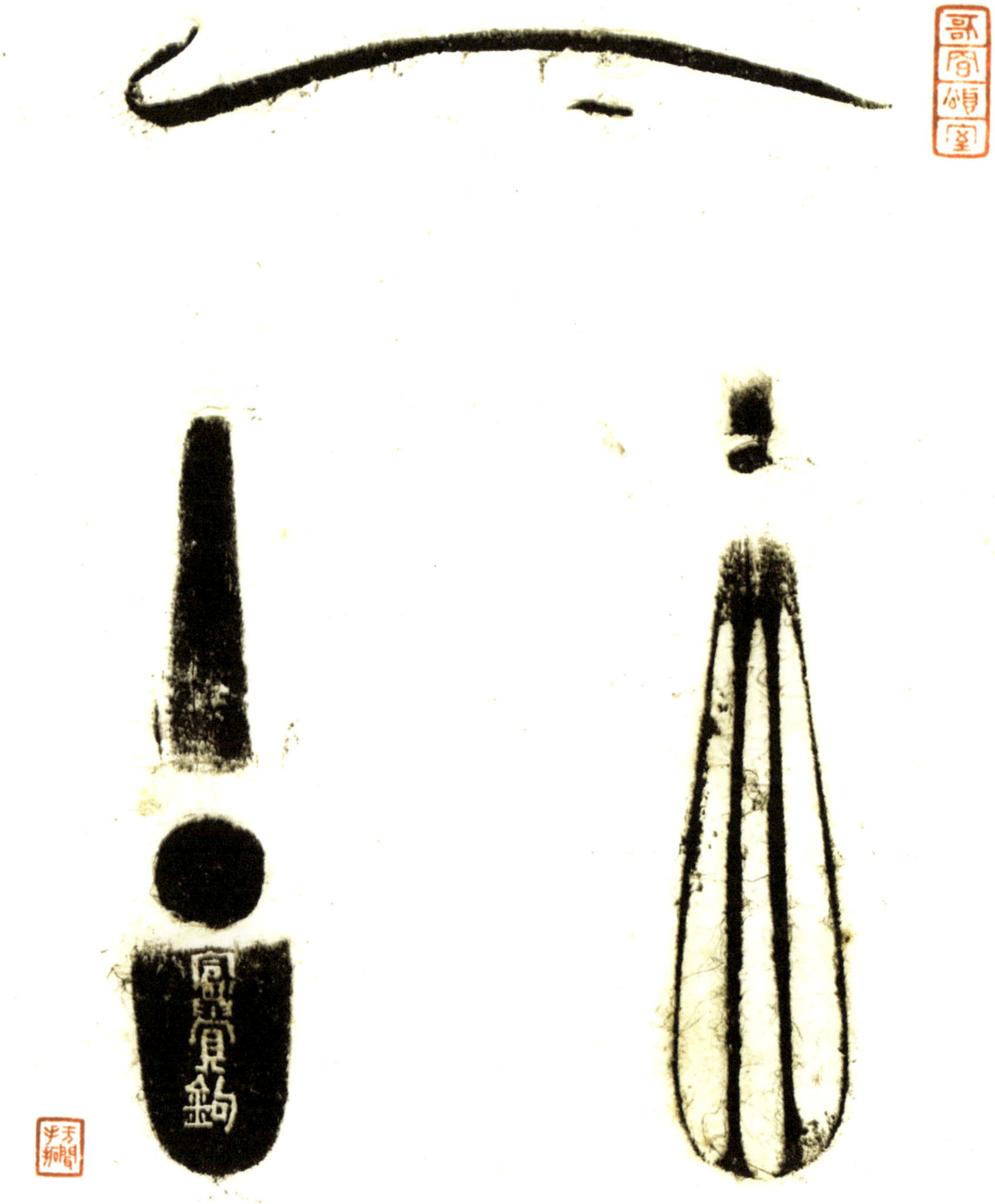

銅帶鈎

青銅戈

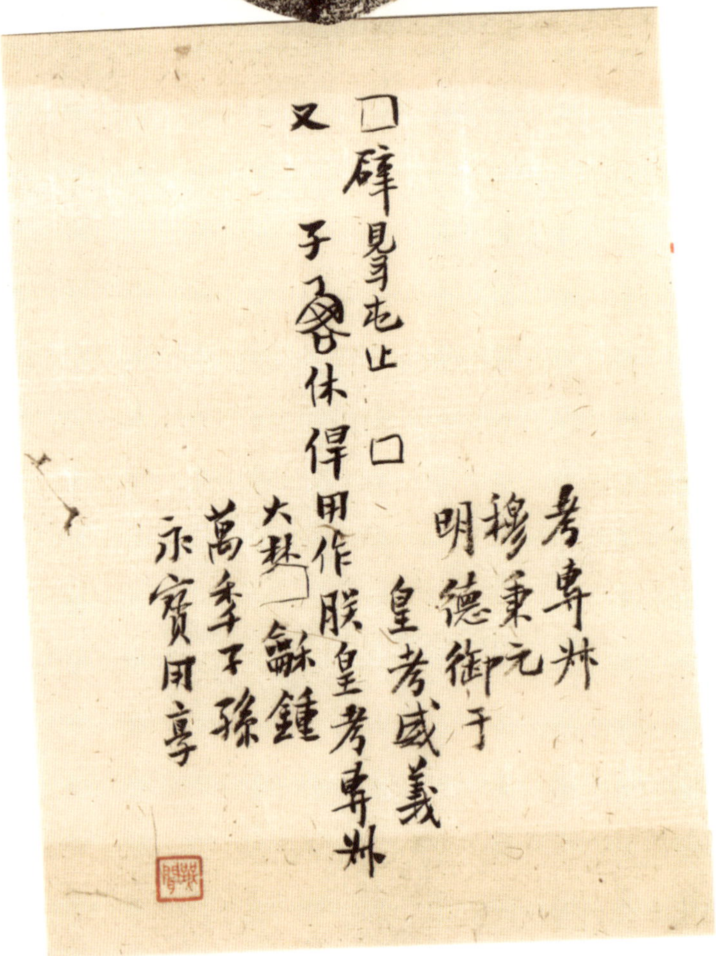

考壽卅
穆秉元
明德御于
皇考威義

□辟見寺屯止 □
又
子𠭯休保用作朕皇考壽卅
大林□龢鍾
萬年子孫
永寶用享

青銅短矛

青銅矛

青銅矛

玉刀柄

玉刀柄

二

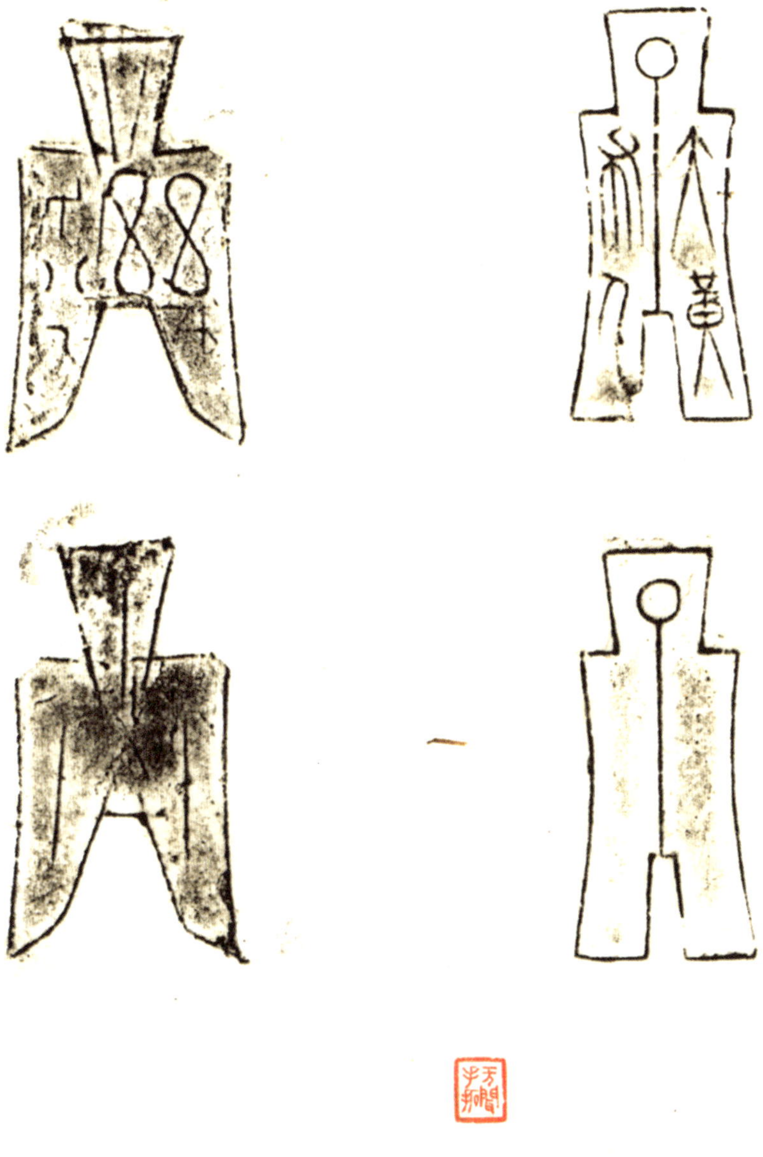

褲幣

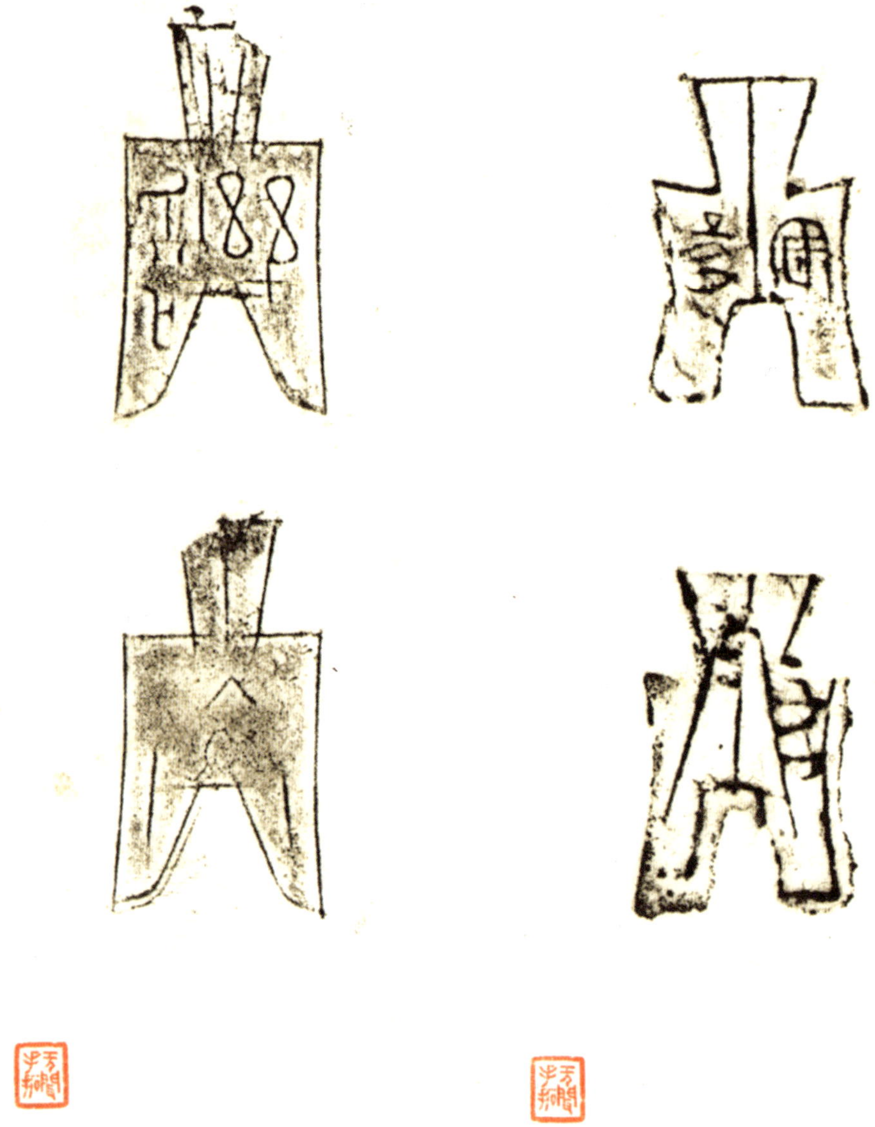

褲　幣

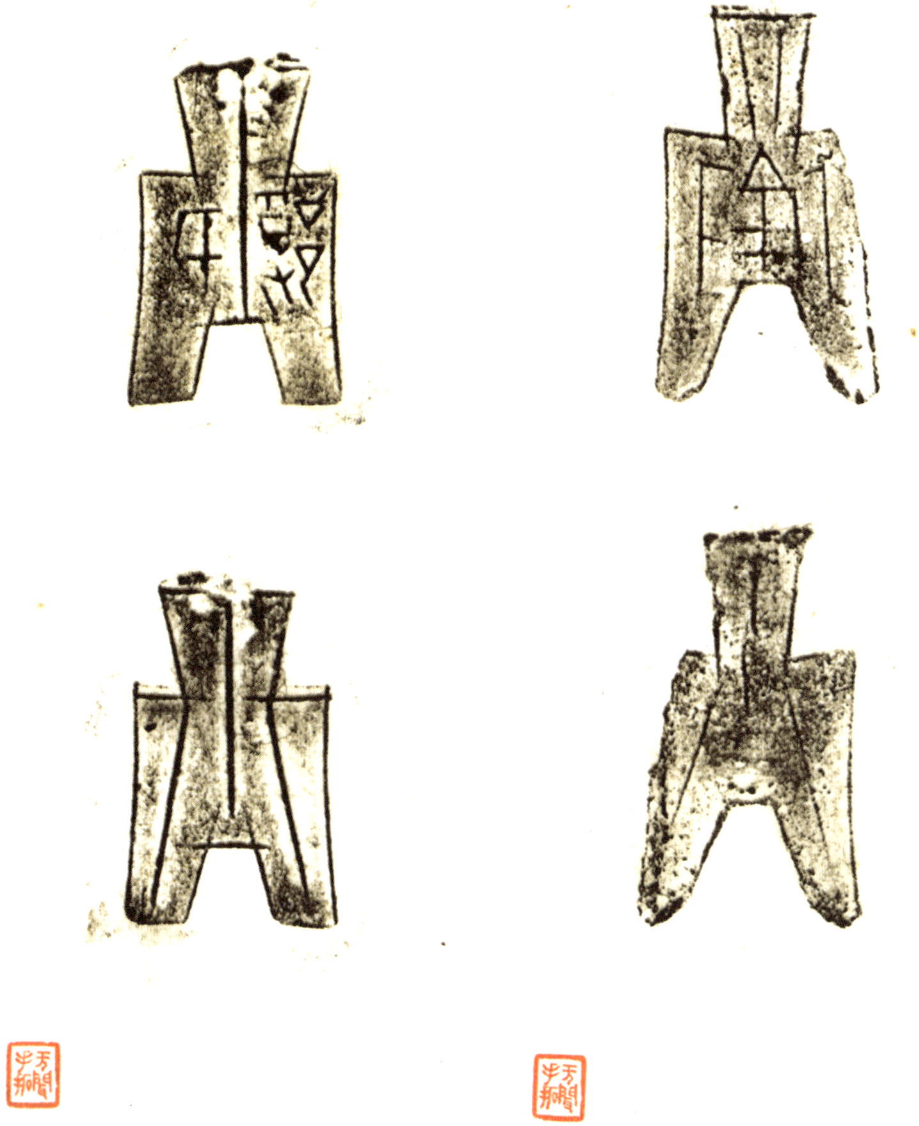

褲幣

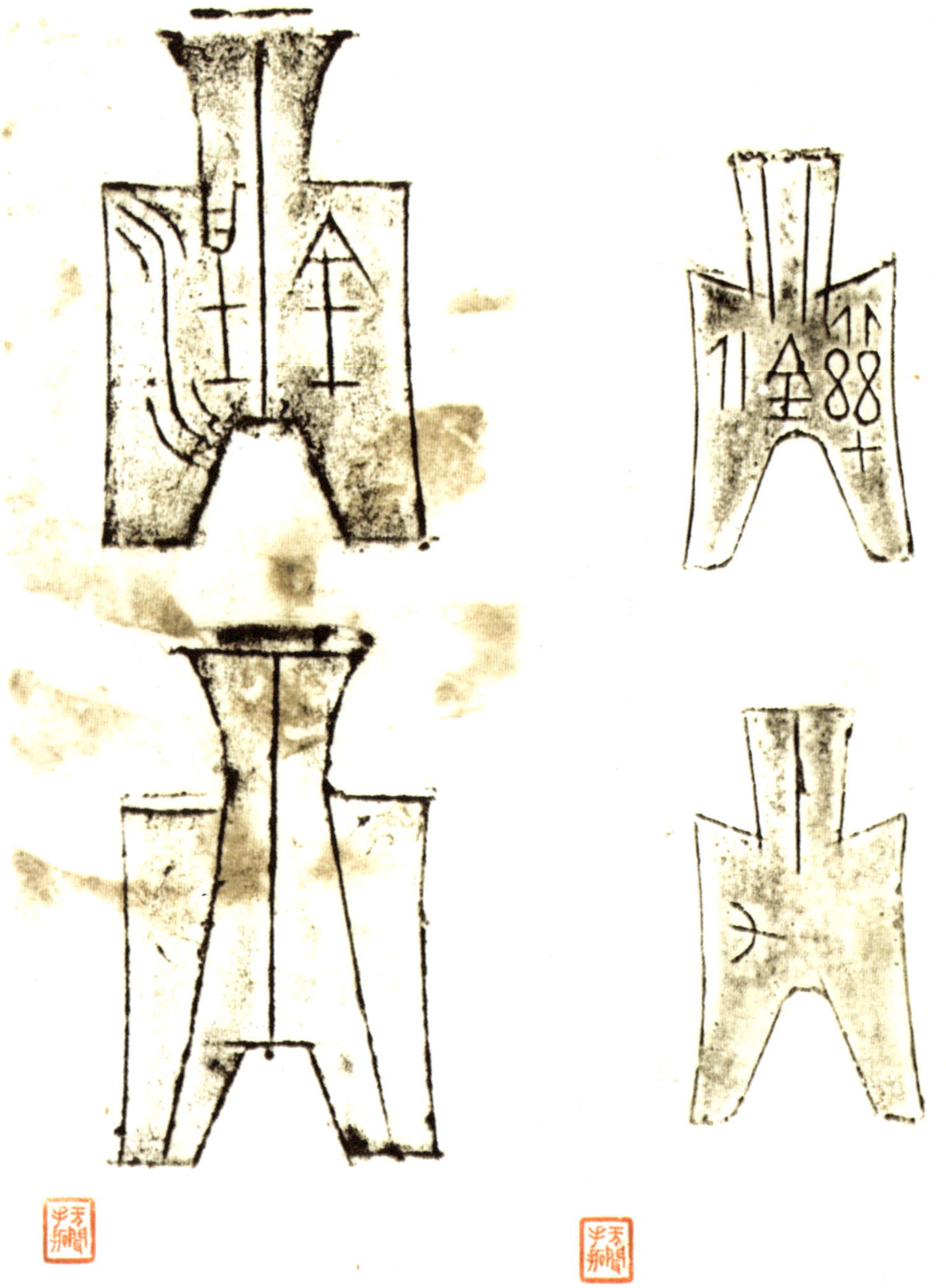

褲幣

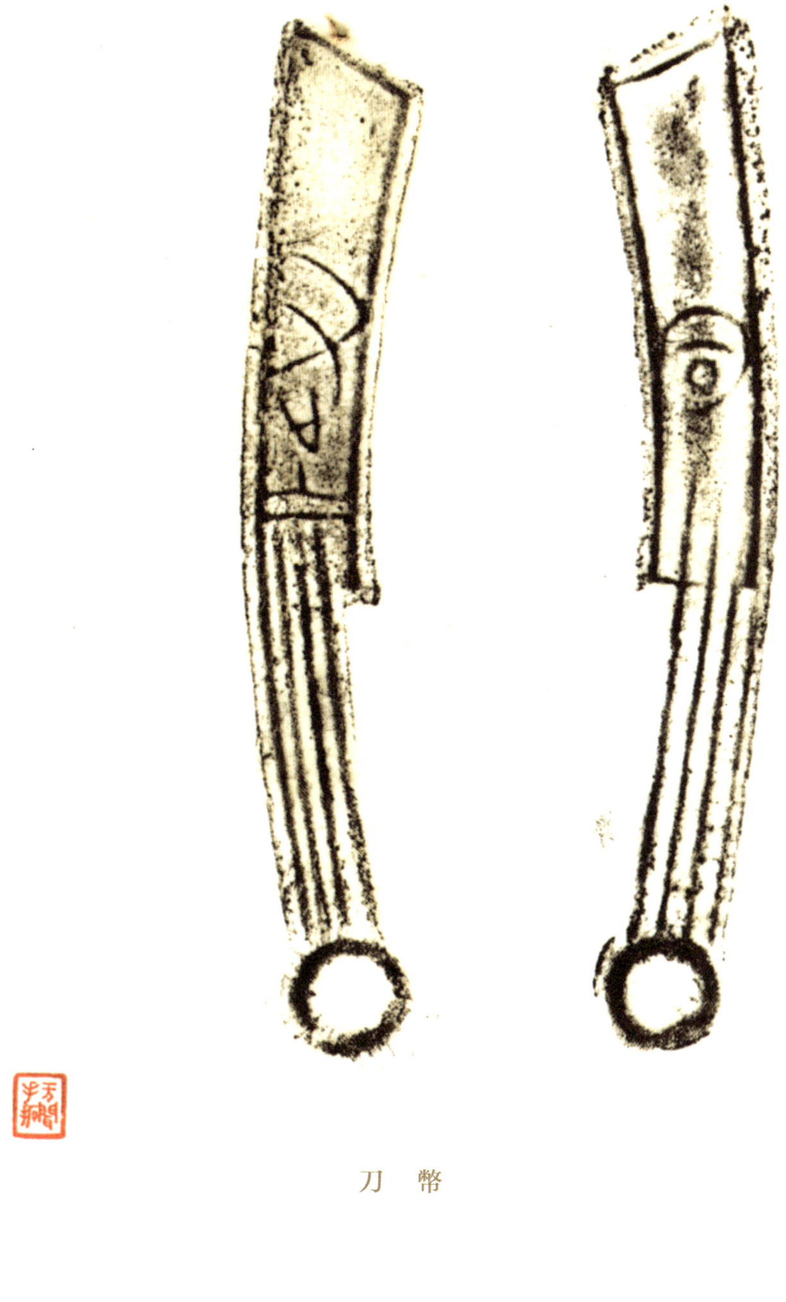

刀　幣

刀幣

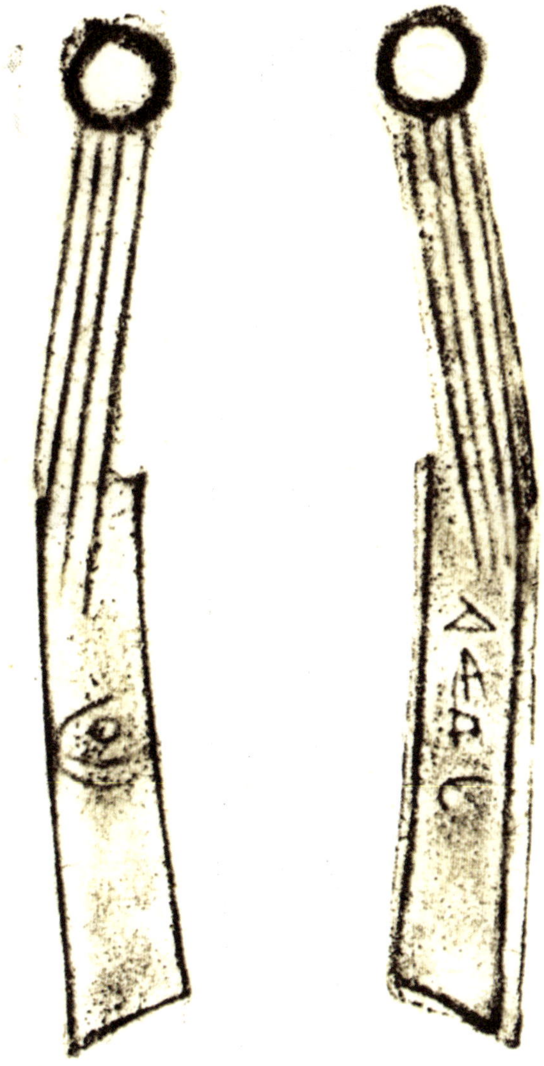

刀 幣

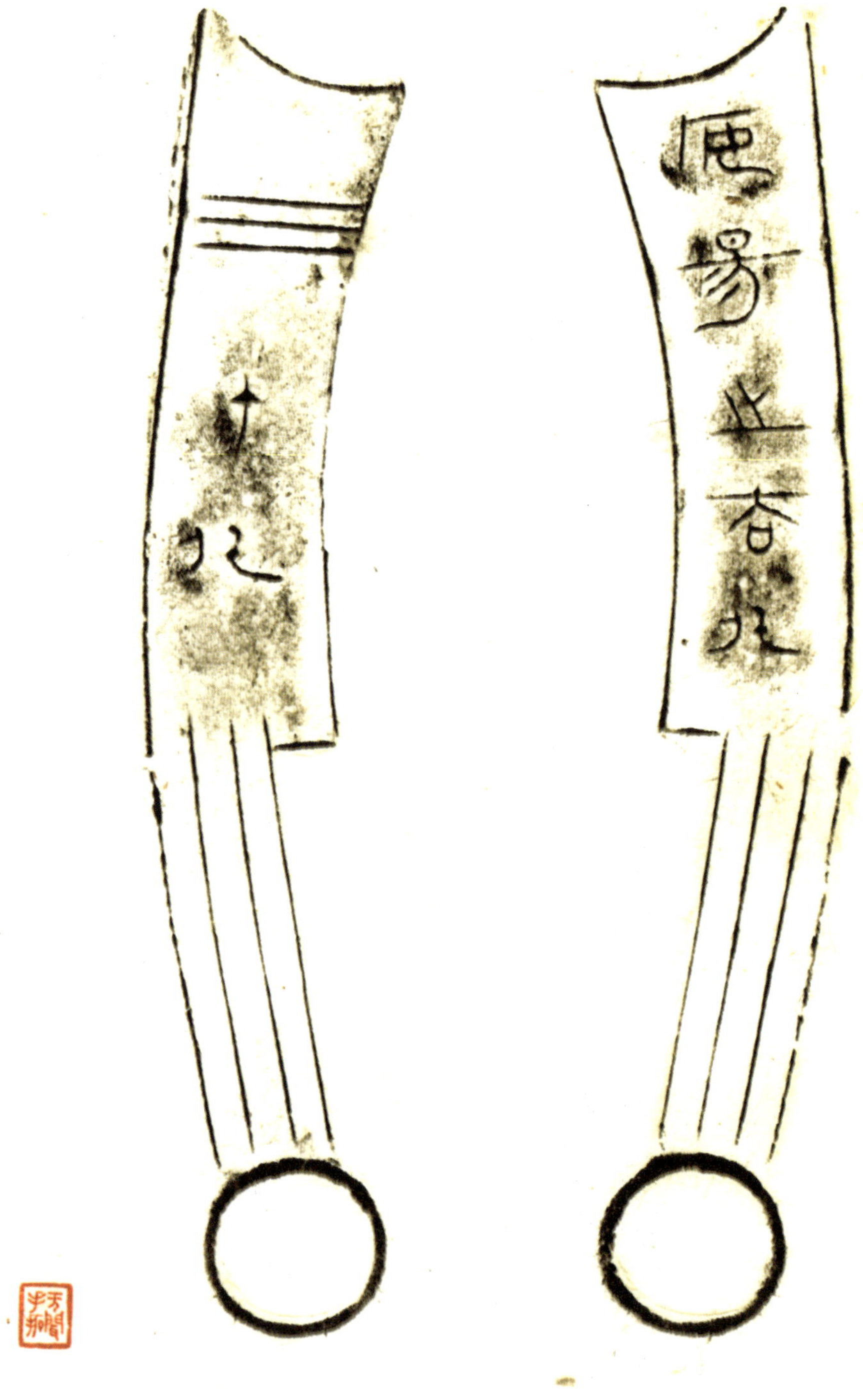

刀幣

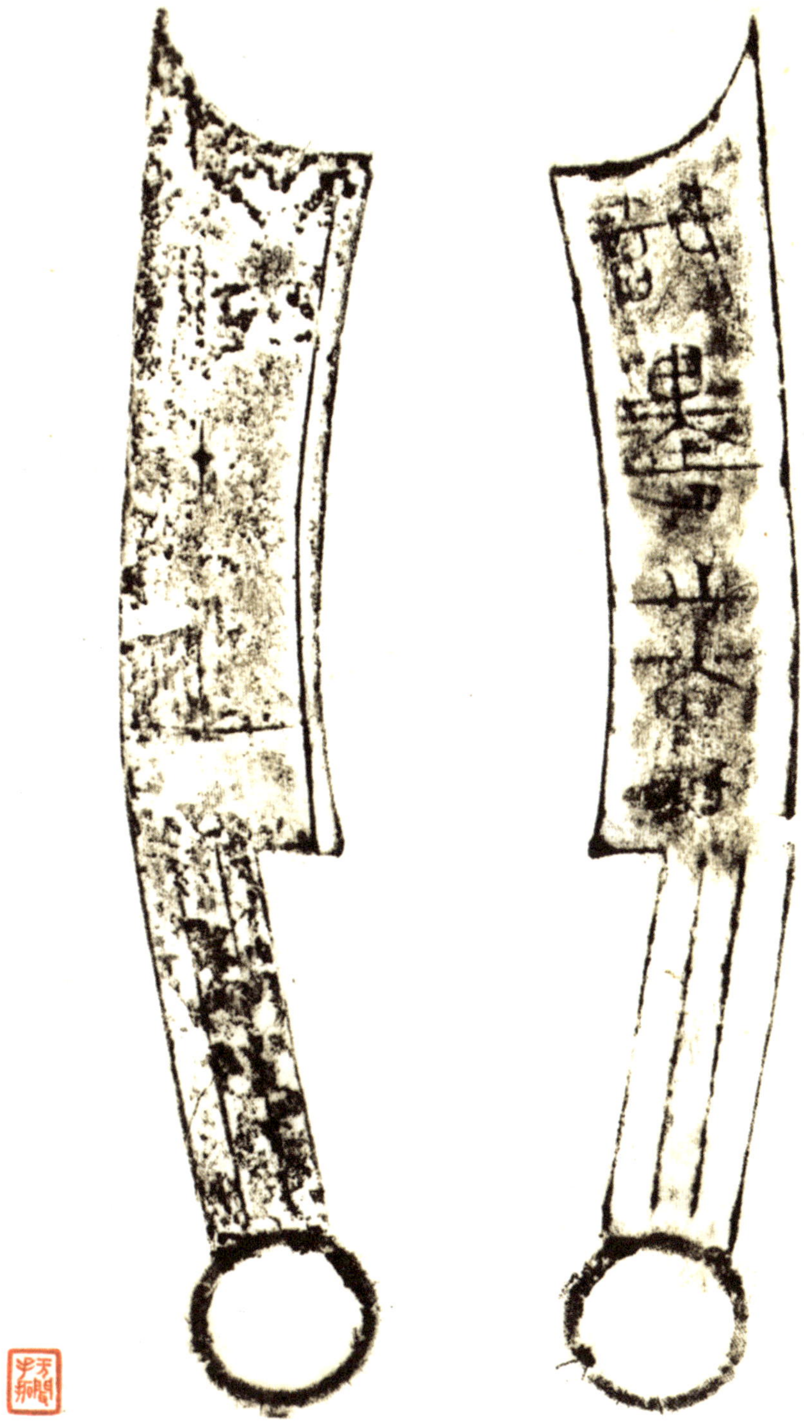

刀 幣

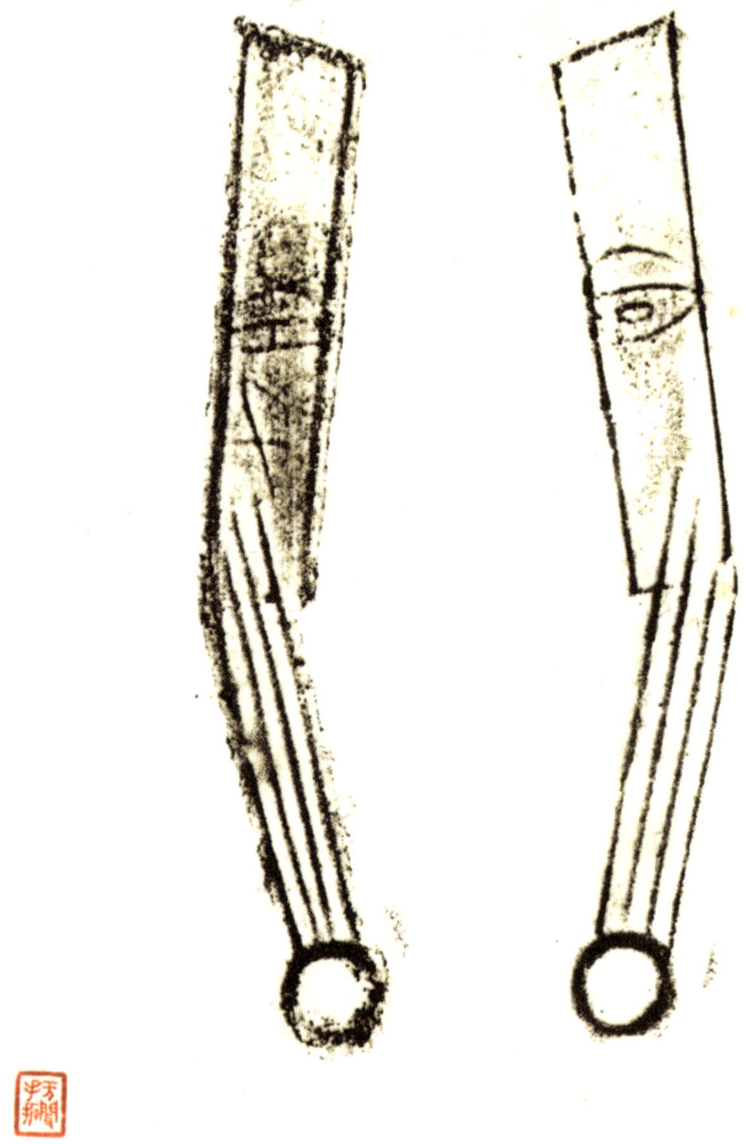

刀幣

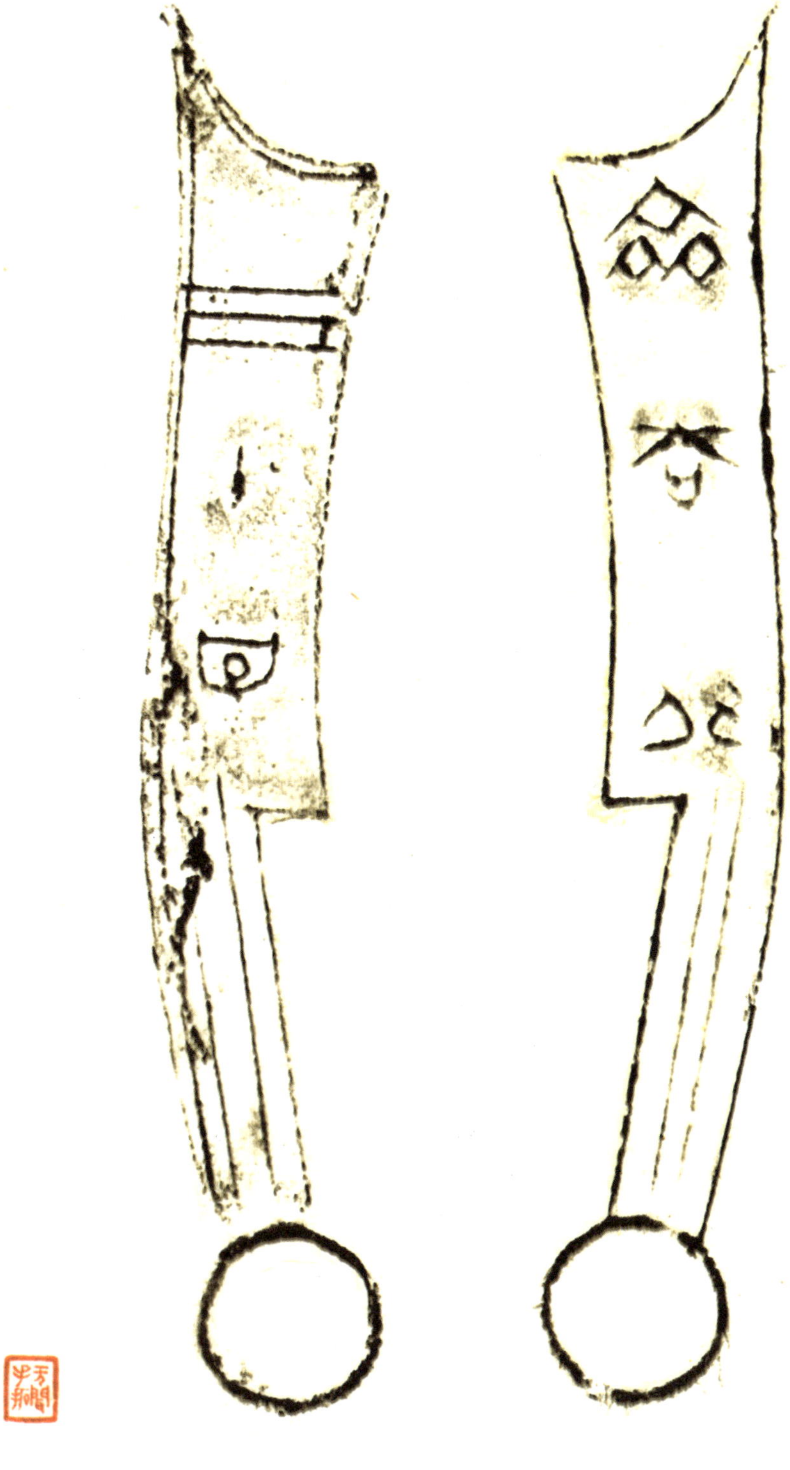

刀幣

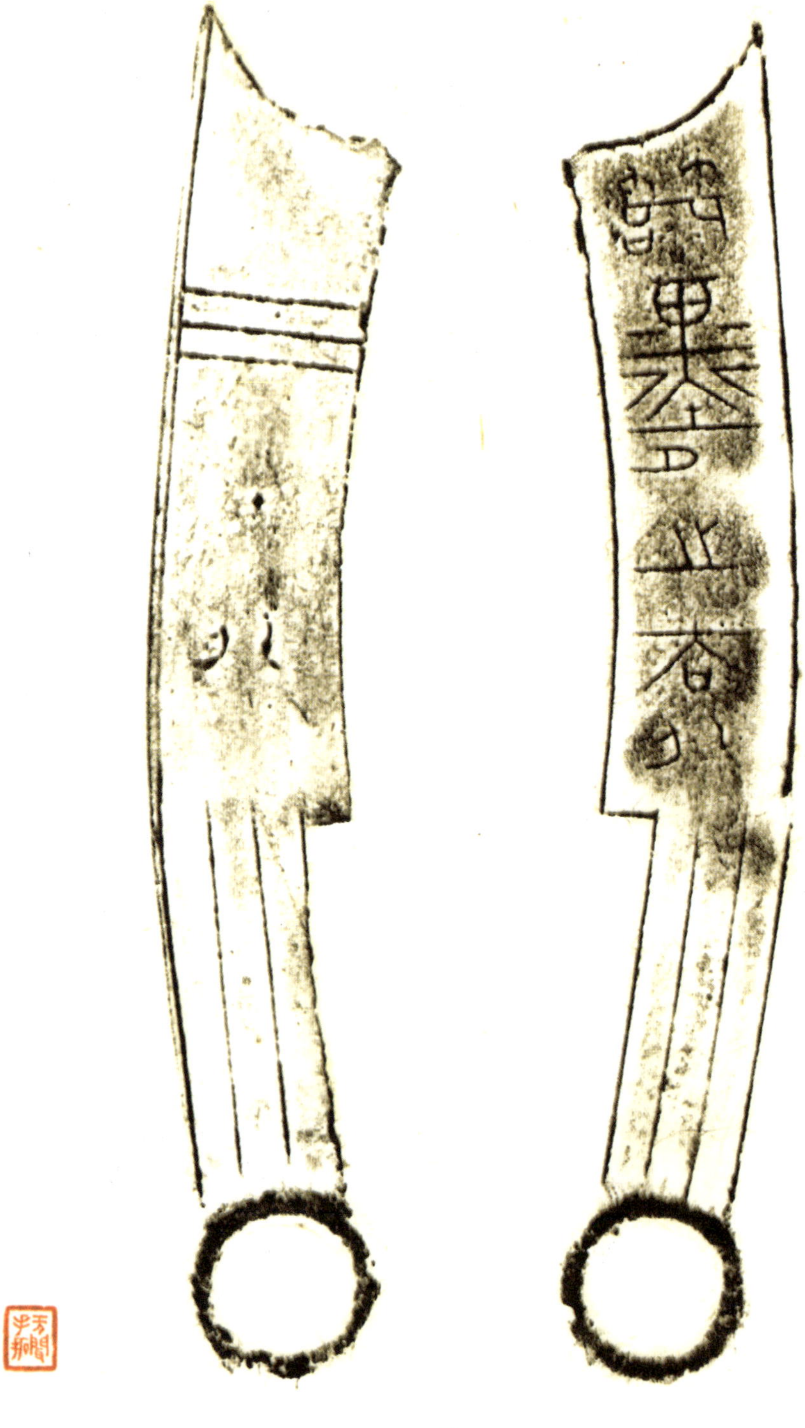

刀幣

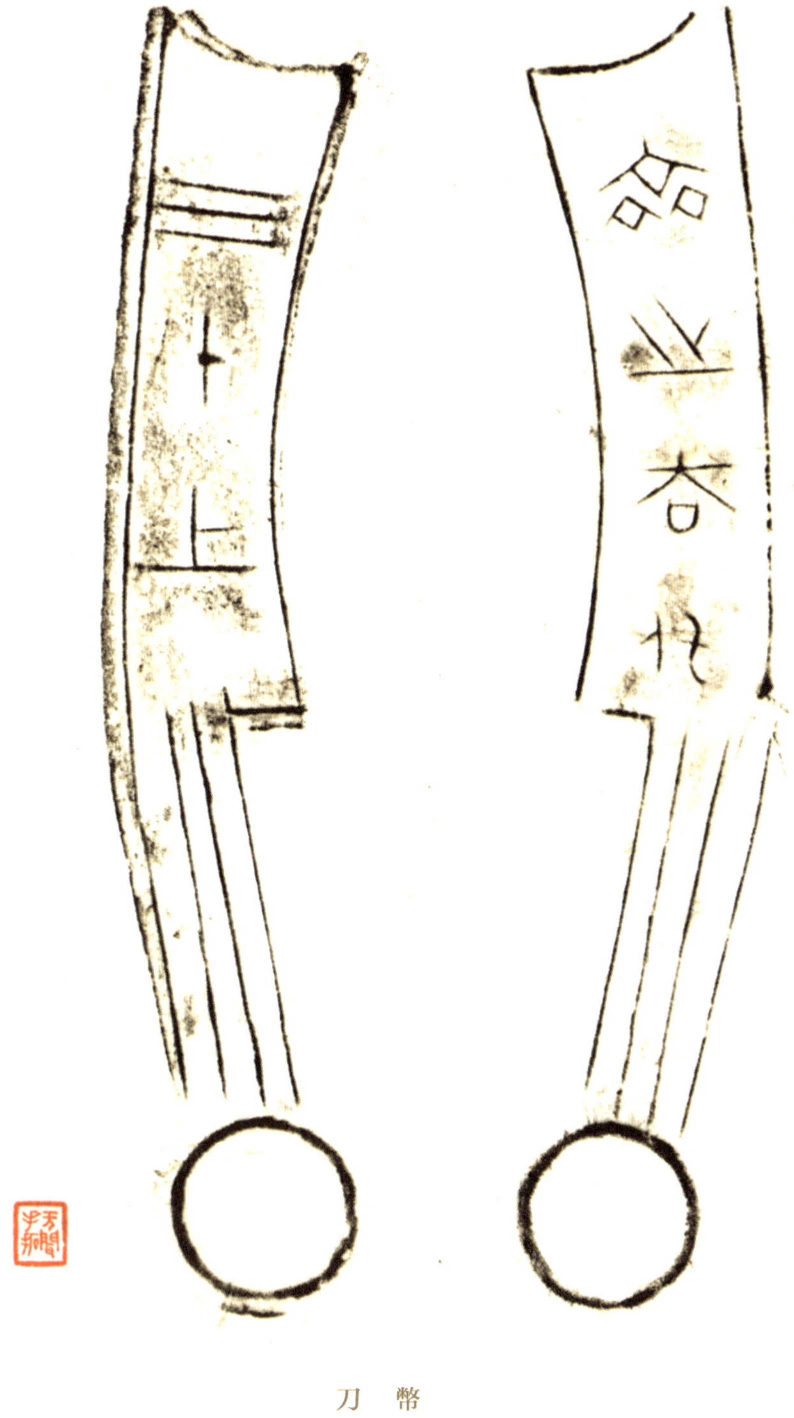

刀幣

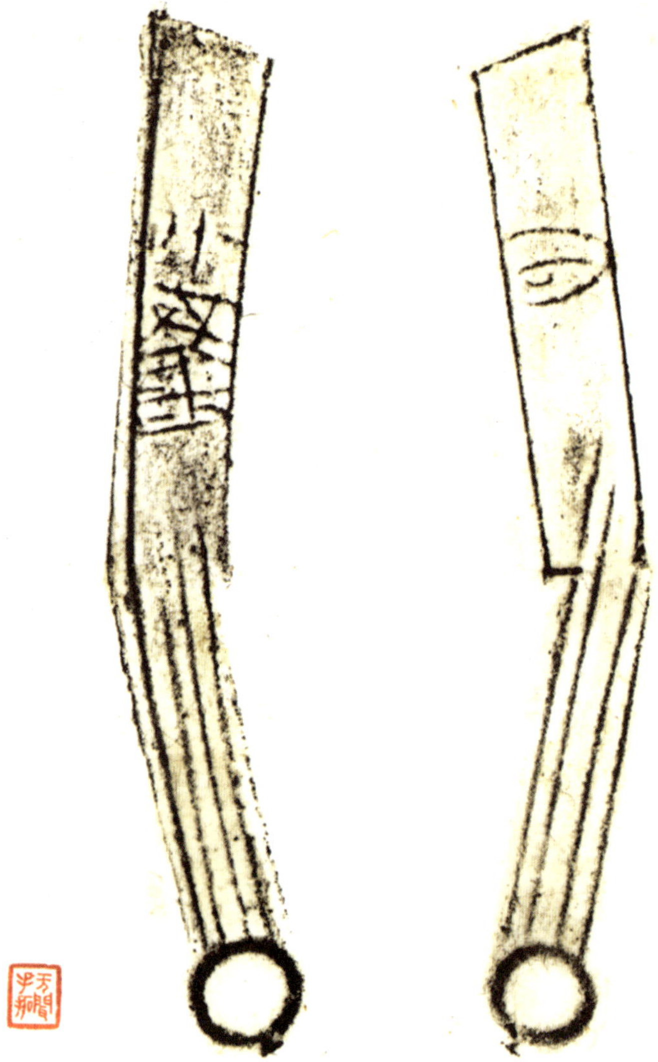

刀　幣

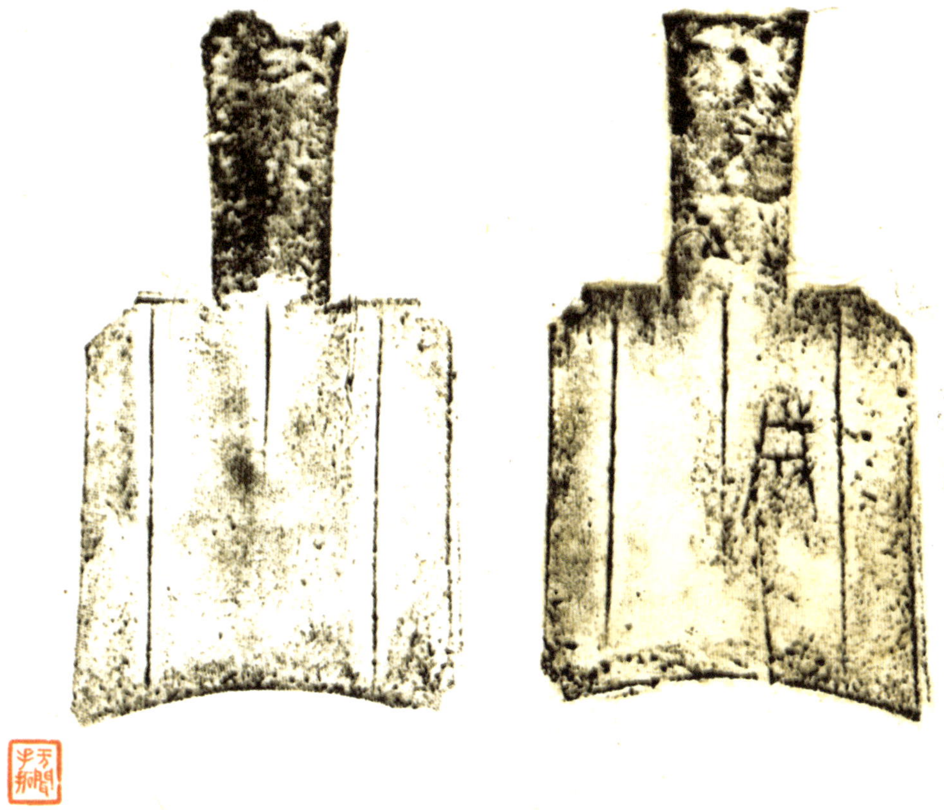

鏟形幣

宣和通寶

古錢幣

順天元寶
咸豐元寶
興朝通寶

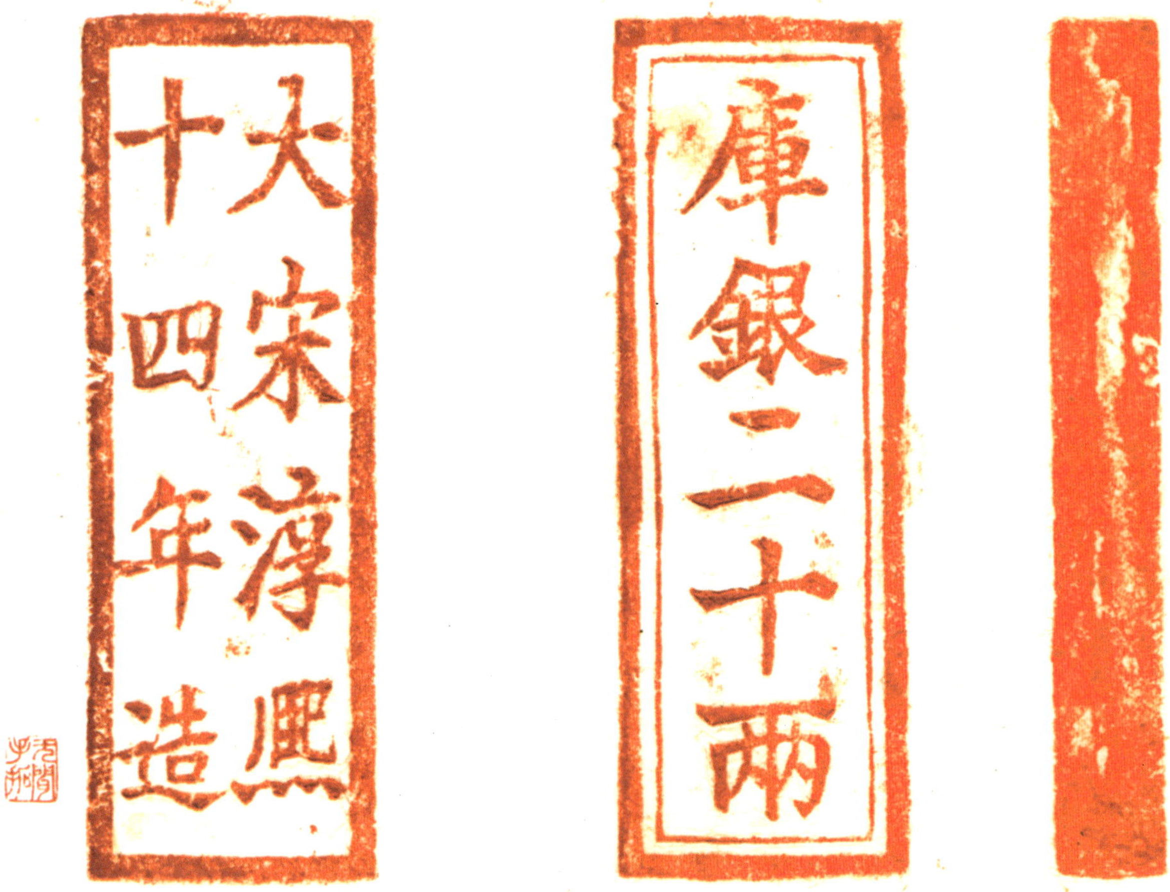

大宋淳熙庫銀

蘇維埃川陝幣

古錢範

神爵四年泉范

清嘉興孫三錫桂山製為硯舊藏大邑張氏世留堂今歸成都徐氏詞商頌室丙寅歲孟陬無聞記

神爵四年泉範

五鳳元年泉范

武漢夏氏藏此及天鳳三年8泉范皆至精至奇不可多見丙寅歲正月二十三日繪雲寓舍 无聞

五鳳元年泉範

天鳳三年泉範

丙寅歲正月夏昌謙君攜至北碚與神爵范同賞遂手拓此紙 徐无聞記

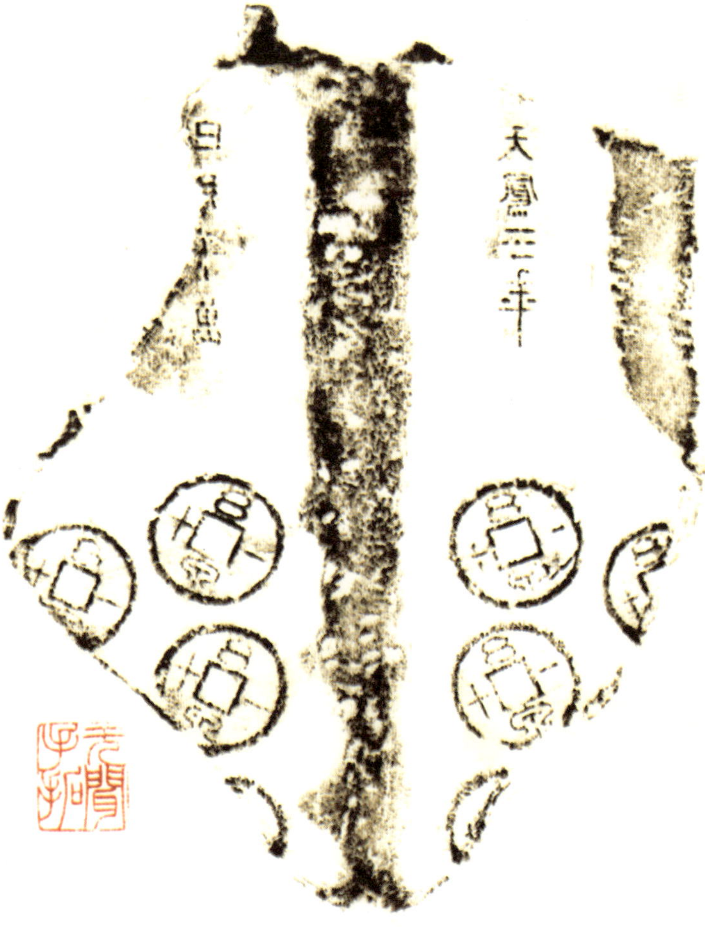

天鳳三年泉範

戰國四山鏡

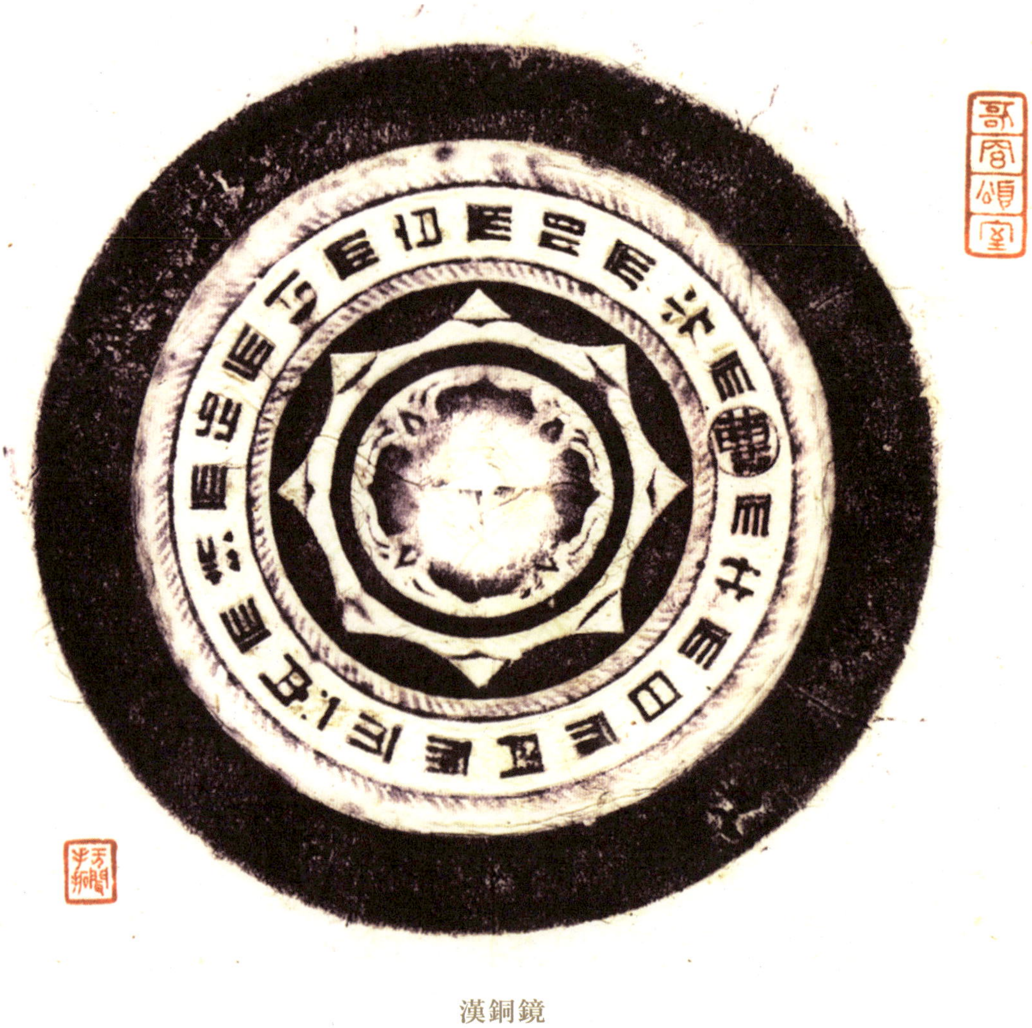

漢銅鏡

漢青蓋神獸鏡

漢“陳氏作”鏡

漢玉匣鏡

漢連珠雙圈銘文鏡

漢神獸鏡

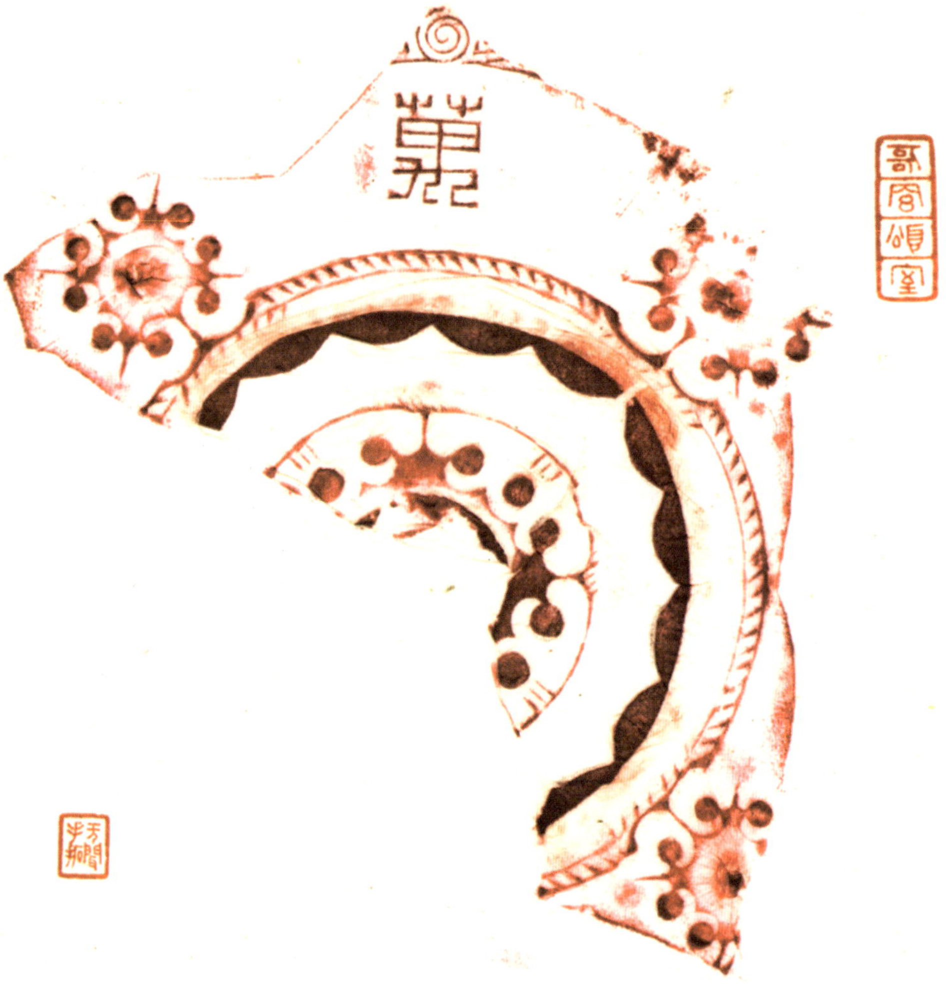

漢“萬”字殘鏡

唐“李”字鏡

唐四鳳四獸鏡

唐武德神獸鏡

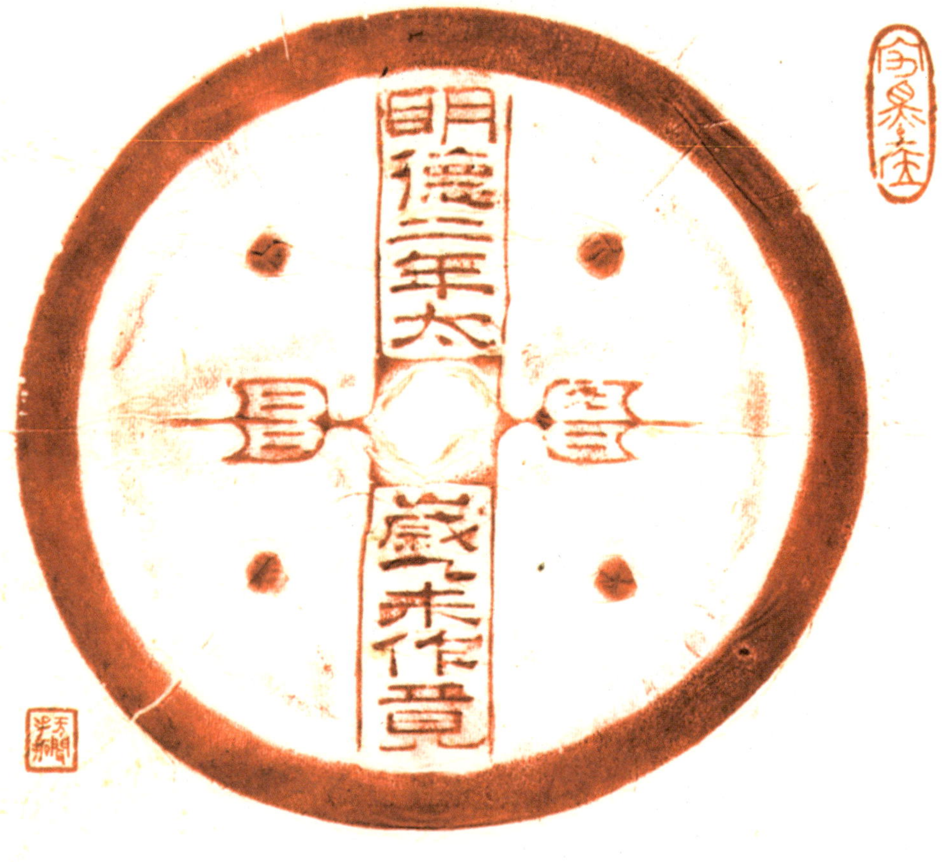

後蜀明德二年鏡

宋虎溪三笑鏡

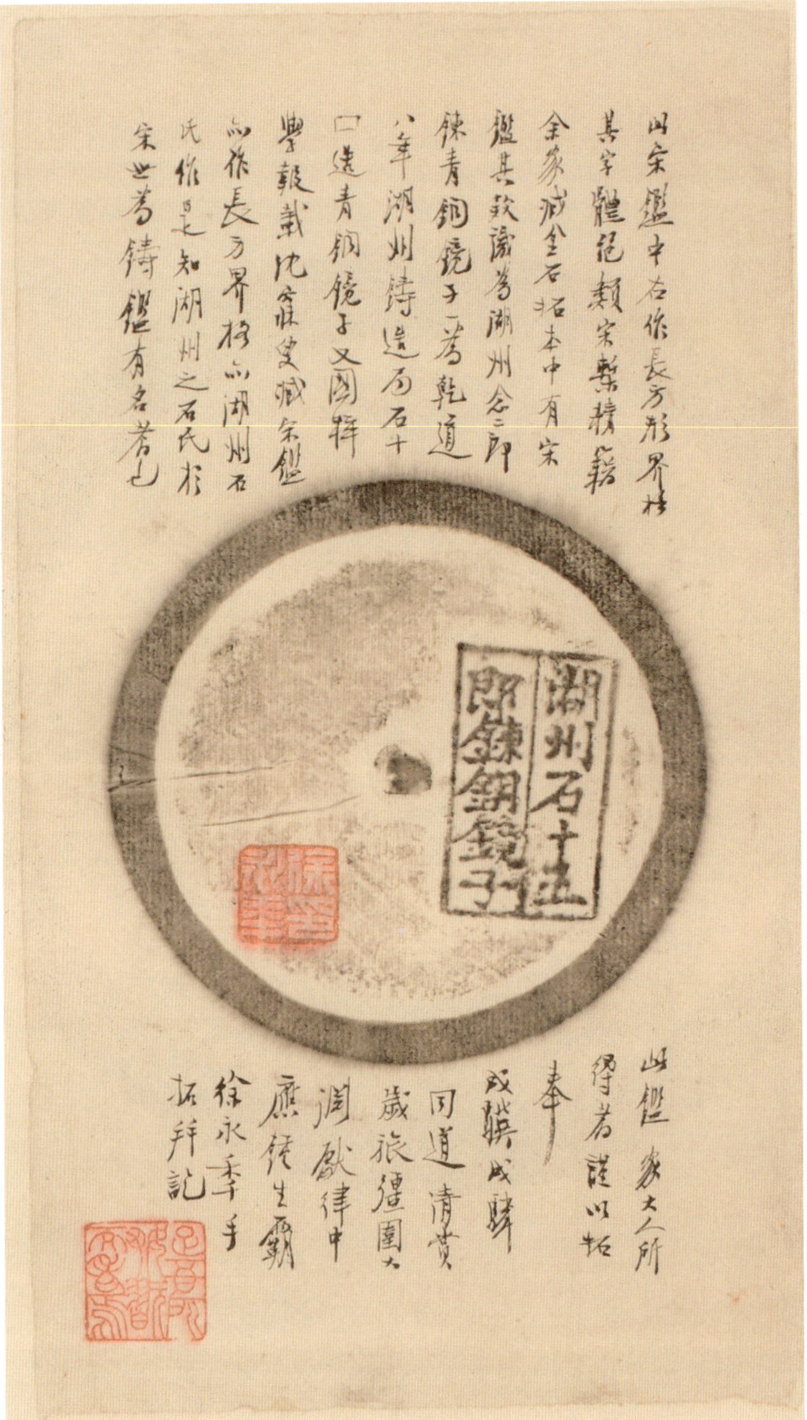

宋湖州石十五郎鏡

宋觀音童子鏡

宋驅鬼降魔鏡

漢雙魚盤

封泥印

淮浦邑長

漢封泥

封泥印

武平矦印

漢封泥

封泥印

安臺丞印

漢封泥

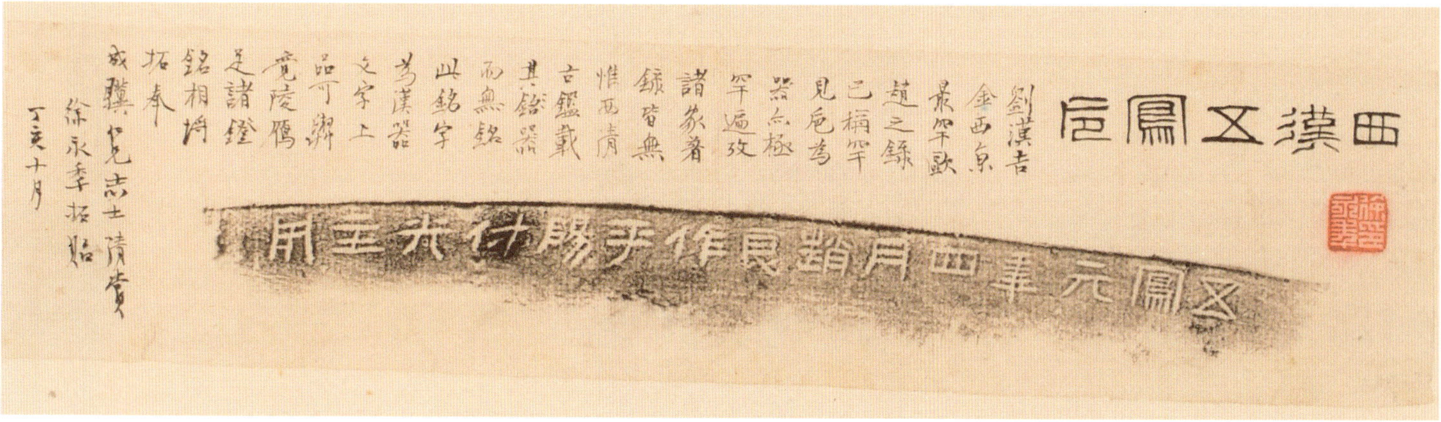

西漢五鳳卮

漢"建武廿九年"殘磚

漢“永平三年”磚

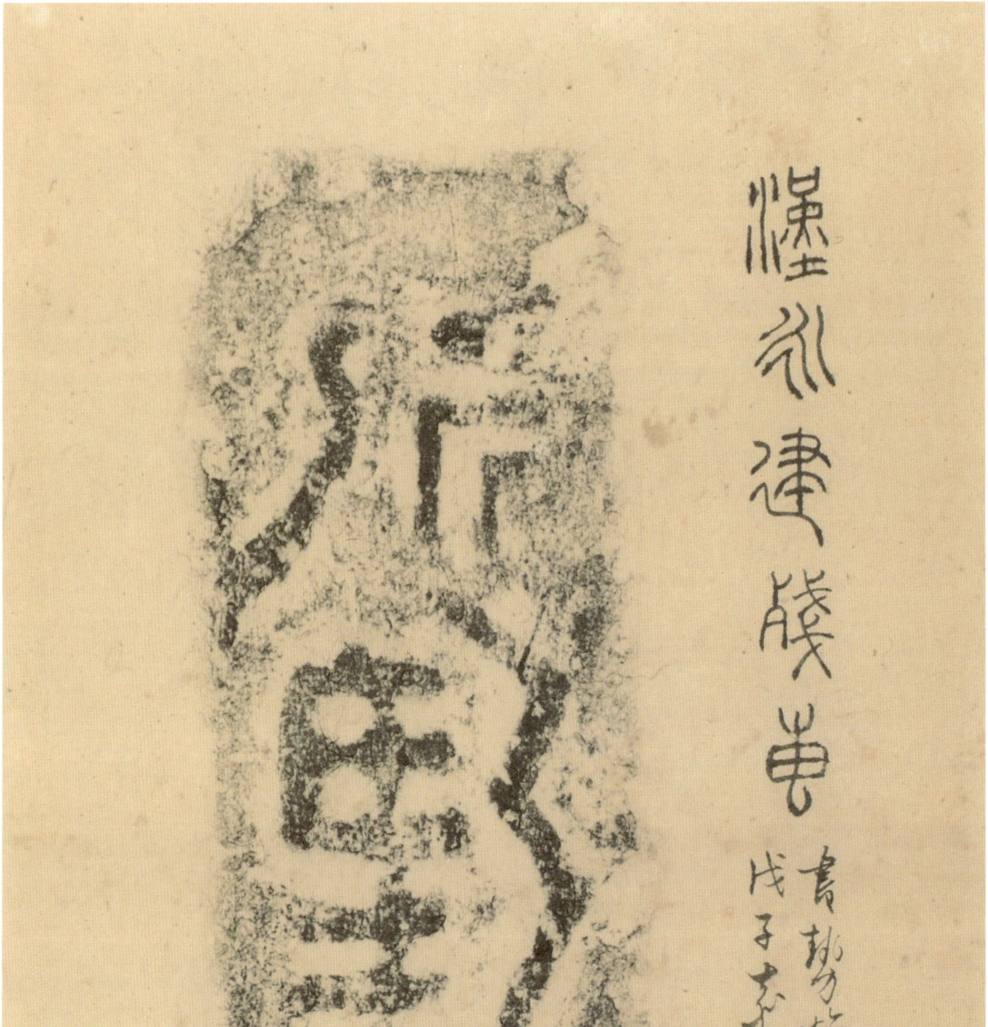

漢"永建元年"殘磚

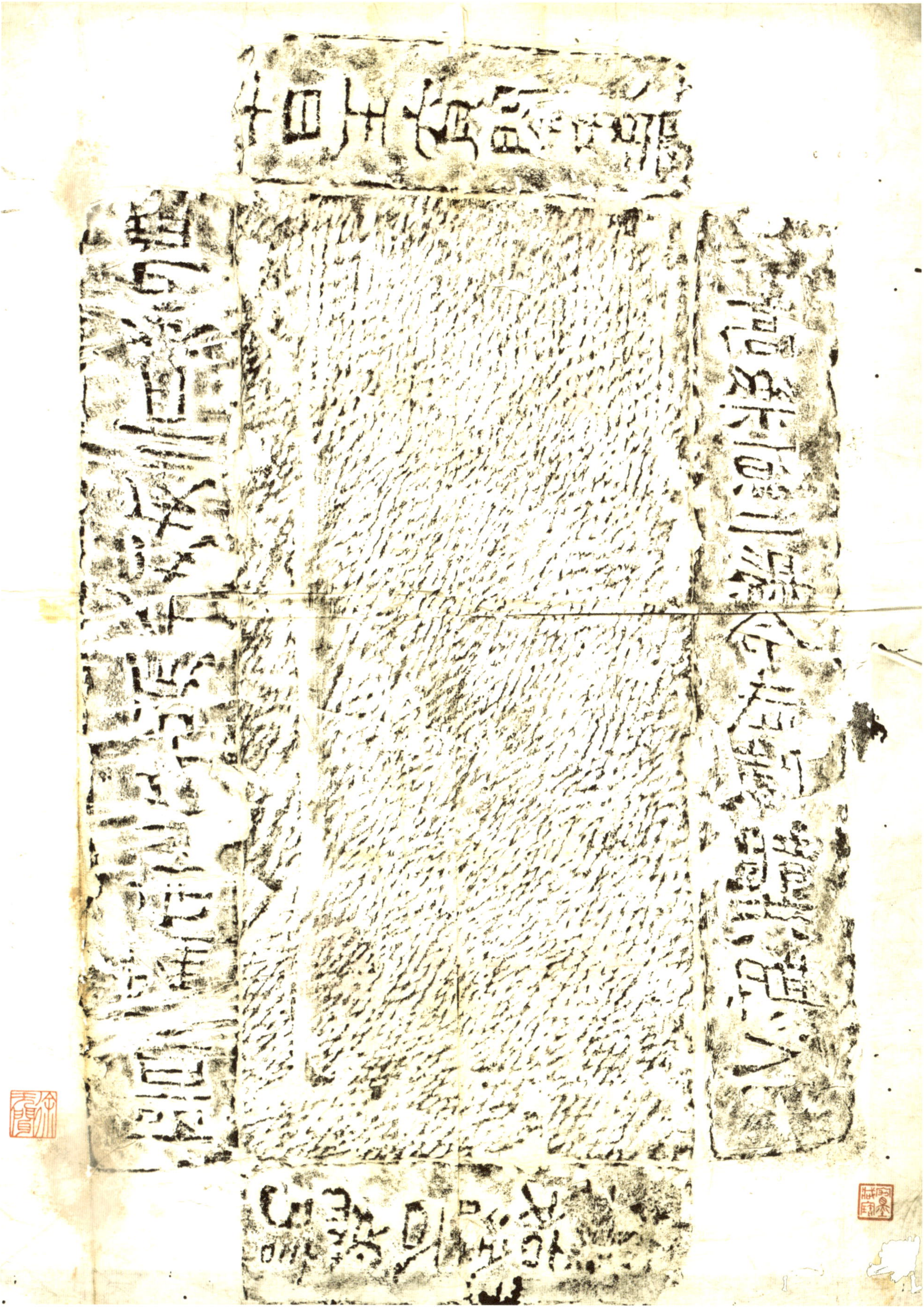

"建安二年"四面銘文磚

漢“建安五年”殘磚

晋"陰"字殘磚

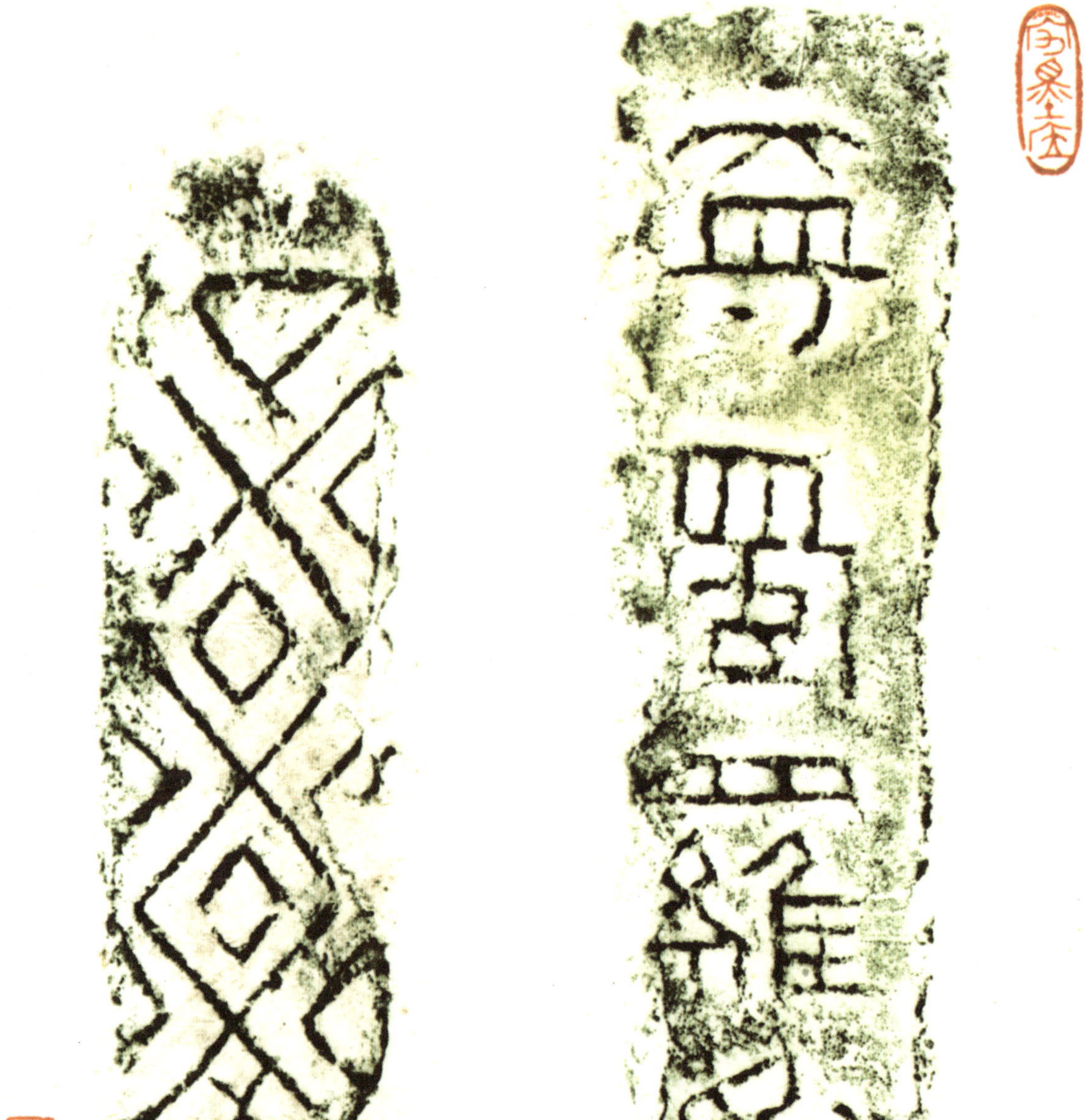

漢“寧蜀羅氏”殘磚

齊造像殘磚

“太□三年”殘磚

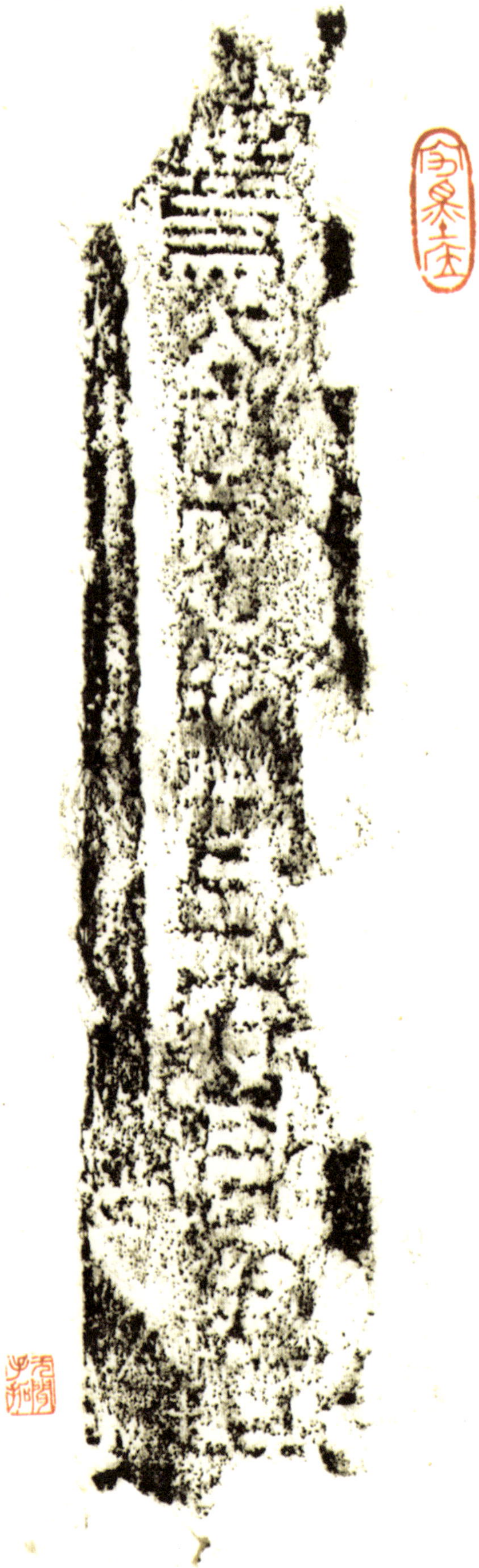

漢殘磚

漢“富貴”吉語磚

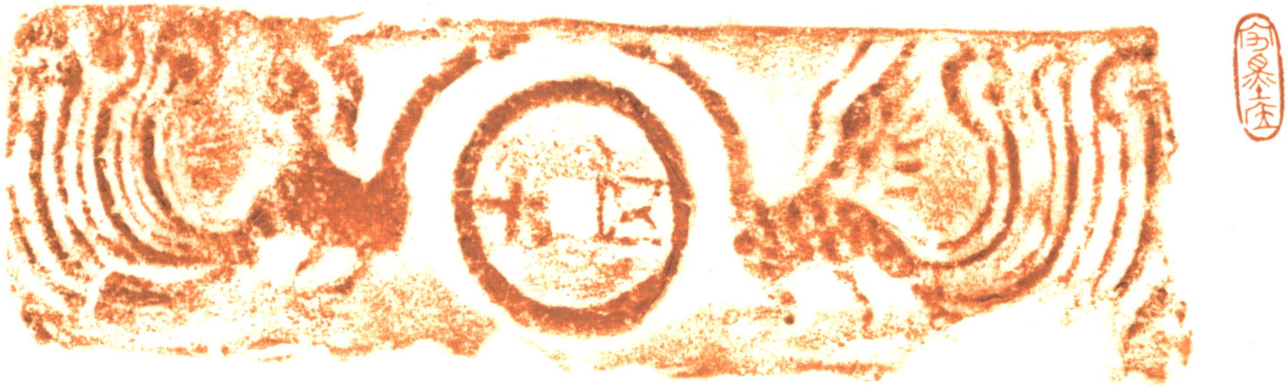

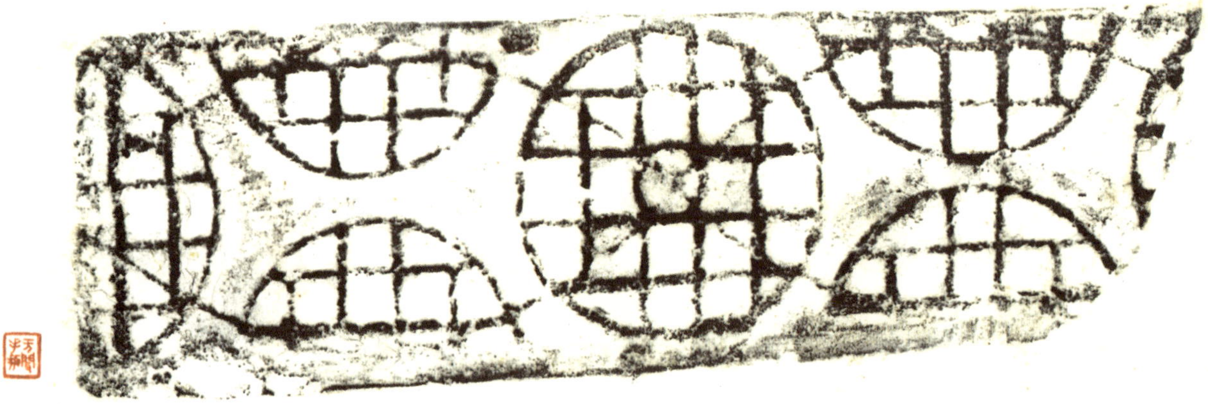

漢"五十"雙鳳磚

漢“蜀郡作”磚

漢磚銘 徐益生刻

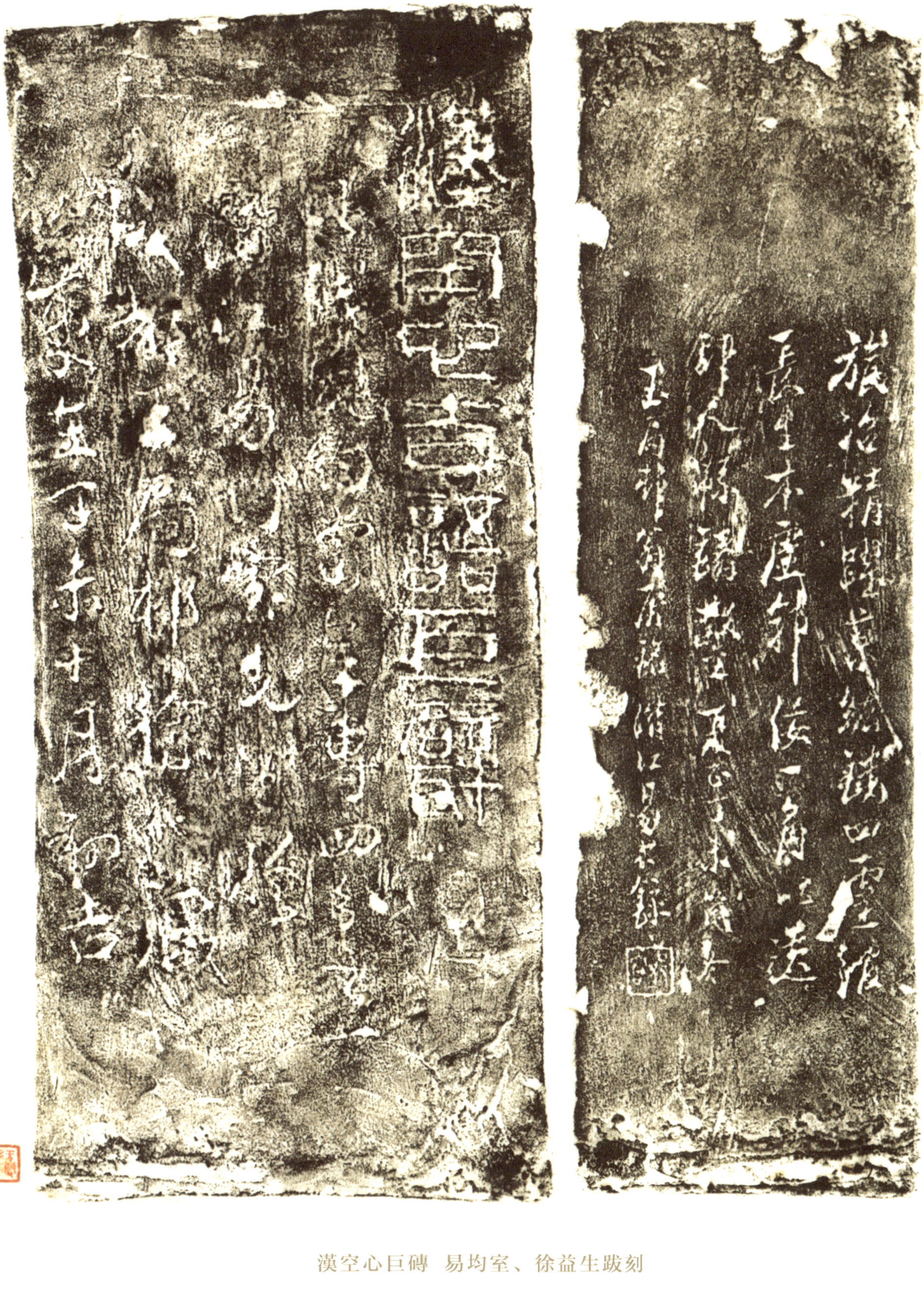

漢空心巨磚 易均室、徐益生跋刻

薛居晃造像磚

漢神仙瑞獸畫像磚

漢六博畫像磚

三脚烏
九尾狐
殘塼斷甓
珍球圖藏
茅廬作伴
吾雖王母
亦足娛
先君鴻冥翁
七十歲刻此銘
塼面殘裂不
平拓墨不能
清晰
壬申歲新春
永年謹記

漢三脚烏畫像磚 徐益生跋刻

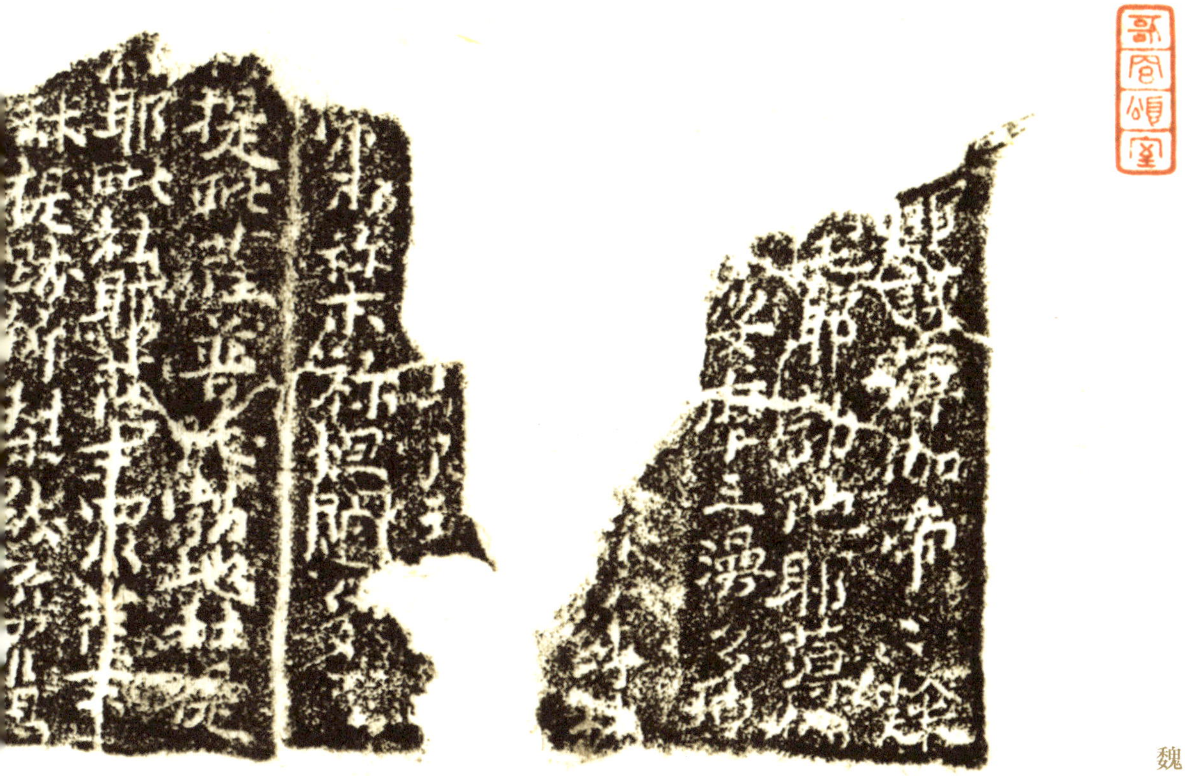

魏造像殘石

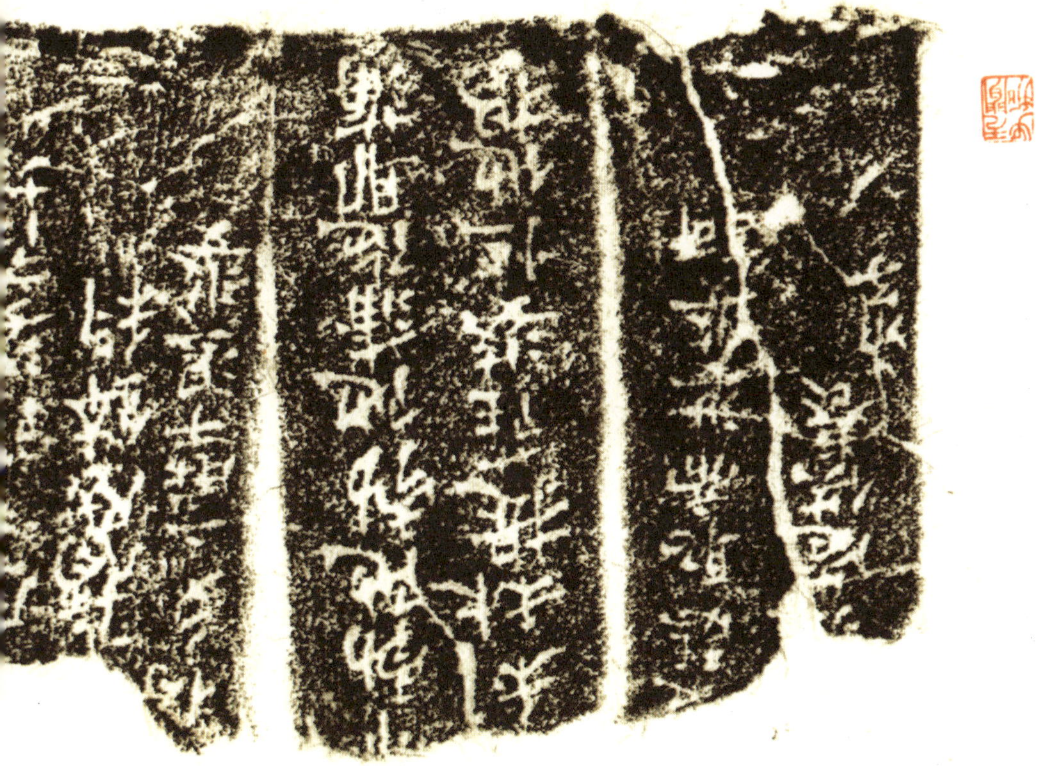

漢“五鳳二年”磚研

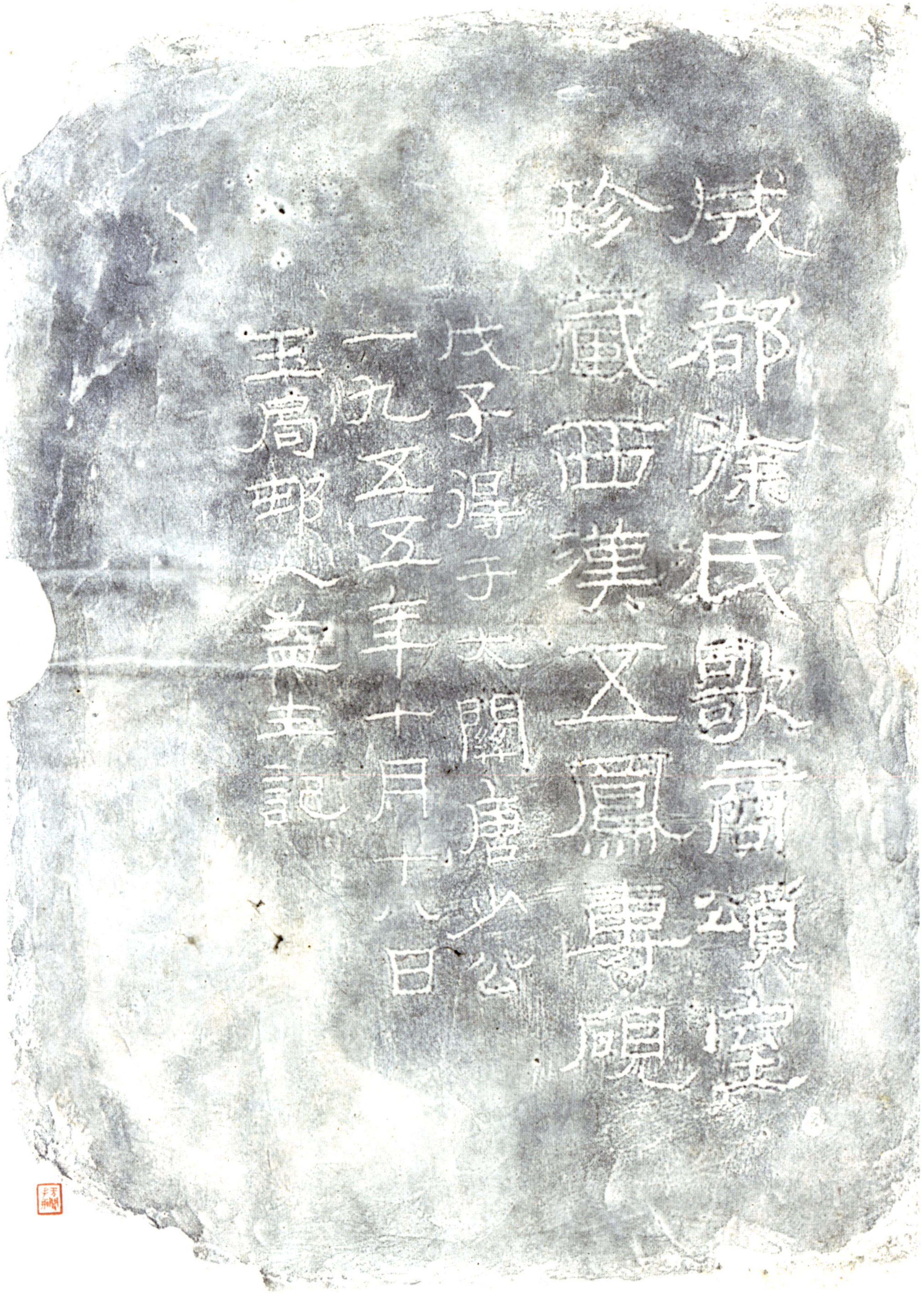

五鳳磚研銘 徐益生刻

漢“永元十三年”磚研

漢“建安五年”磚研

吴“赤烏十年”磚研

漢“長生未央”磚研

漢“雙鳳拱璧”磚研 徐益生題刻

西漢泉範研

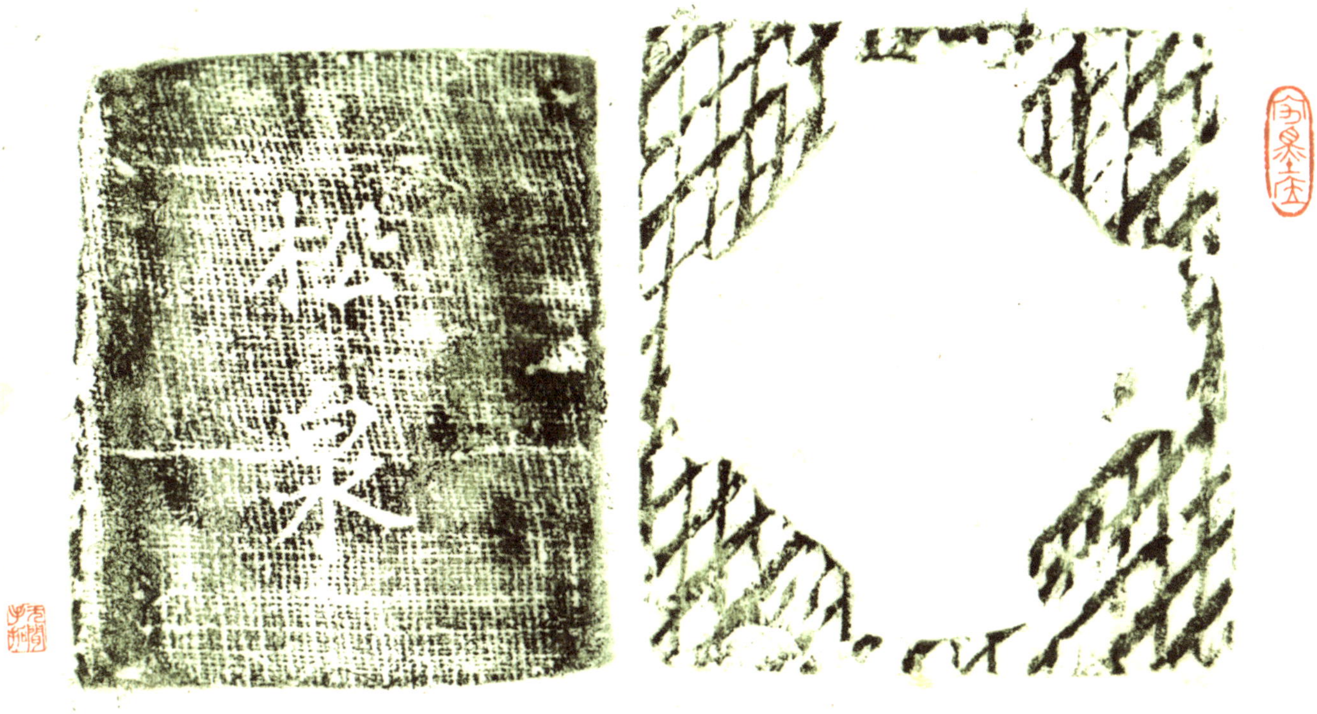

漢瓦研

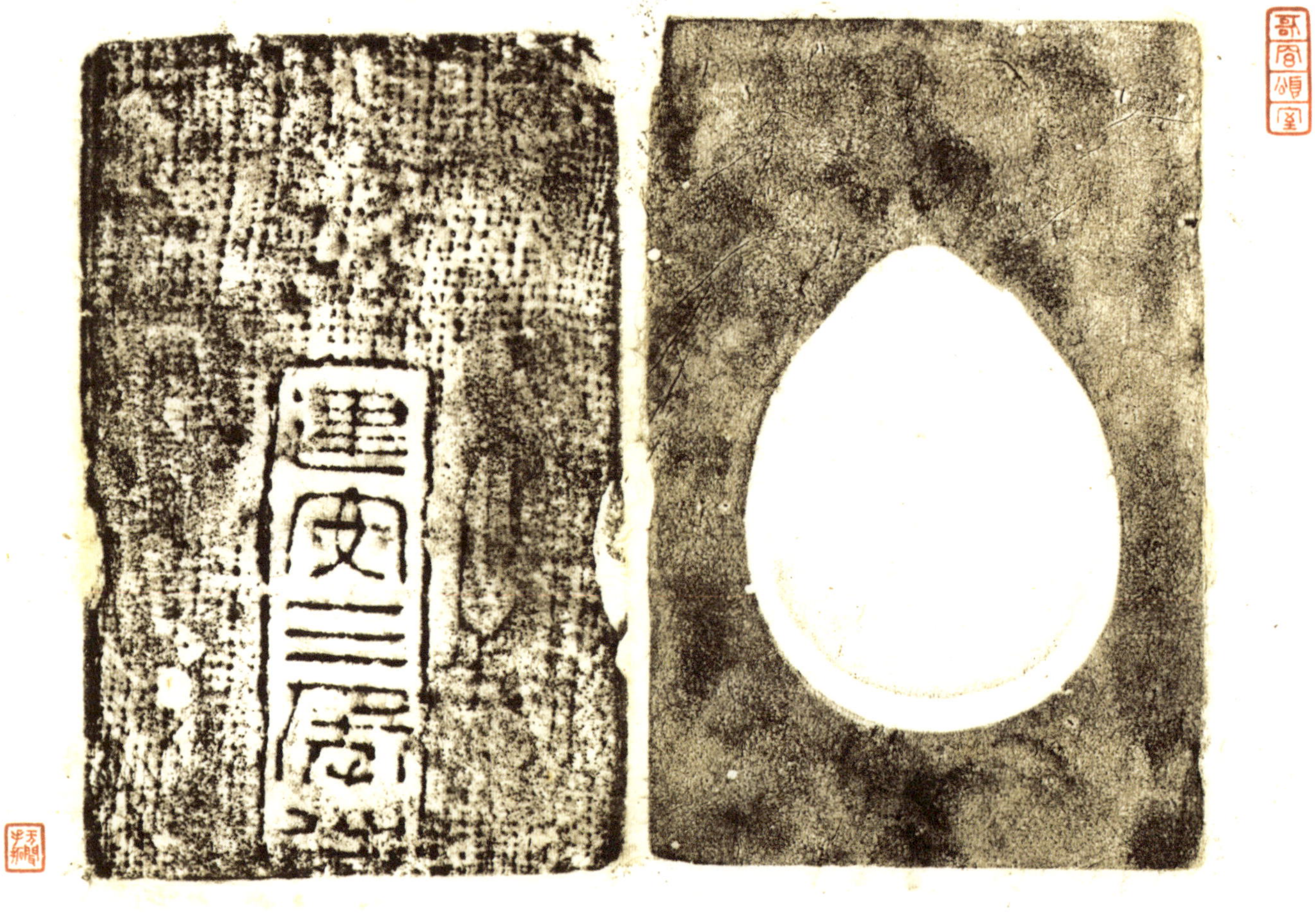

漢“建安三年”瓦研

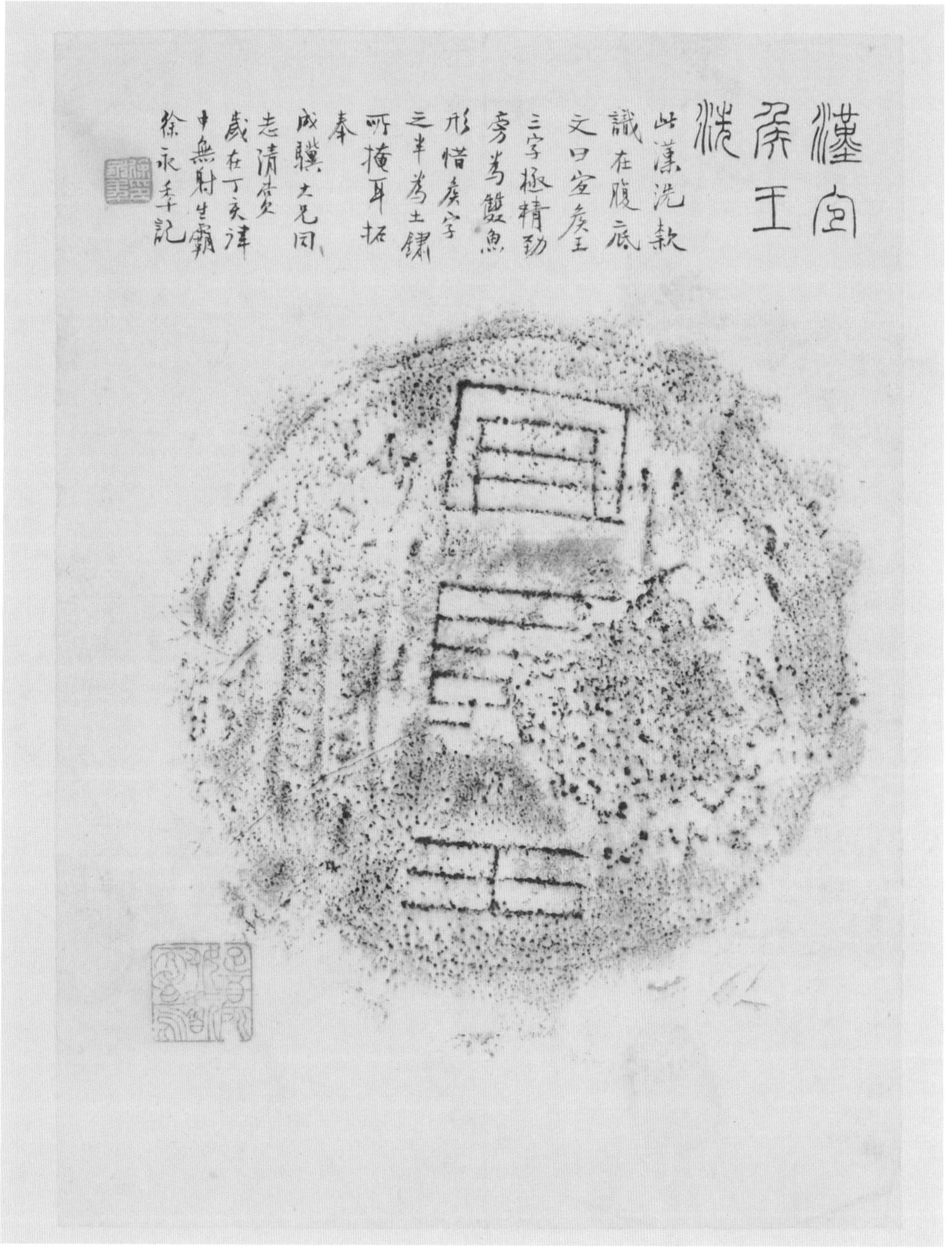
漢宜侯王洗
此漢洗款識在腹底文曰宜侯王三字極精劲旁為雙魚形惜侯字之半為土銹所掩耳拓奉
成驥大兄同志清賞
歲在丁亥律中無射生霸徐永年記

漢“宜侯王”洗

漢“大吉”瓦當

漢并天下瓦當

丙申九月
徐正行

“漢并天下”瓦當

永奉無疆

西南師範大學歷史博物館藏
辛未歲二月二十五日元引手拓

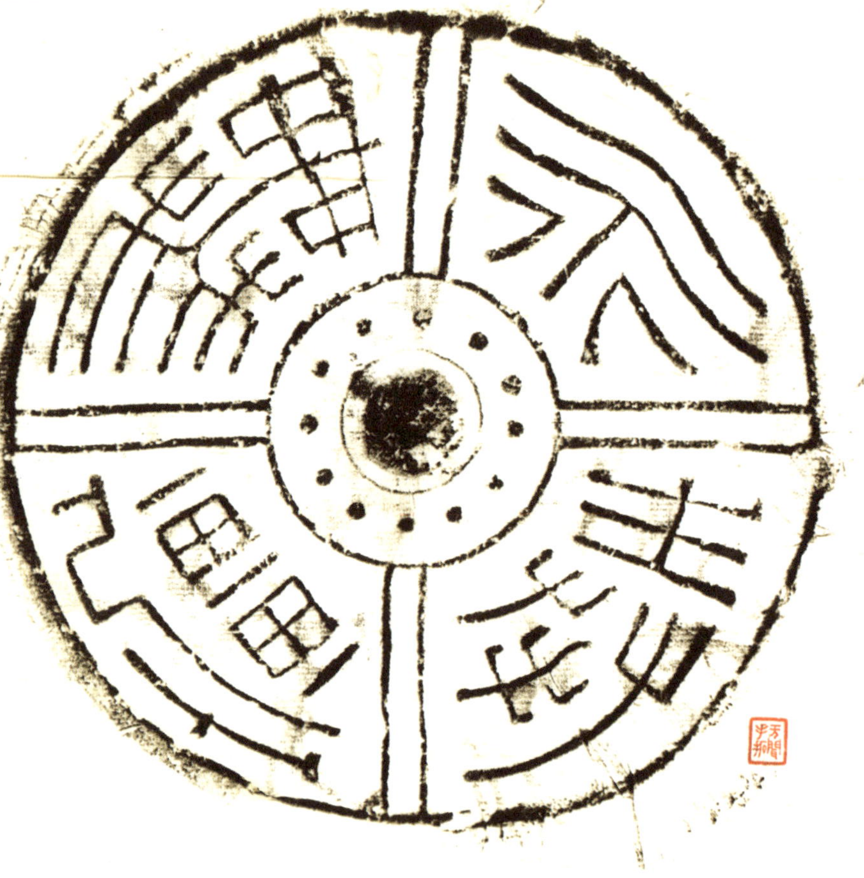

漢“永奉無疆”瓦當

漢貴字瓦當

丙申九月

徐正行

漢“貴”字瓦當

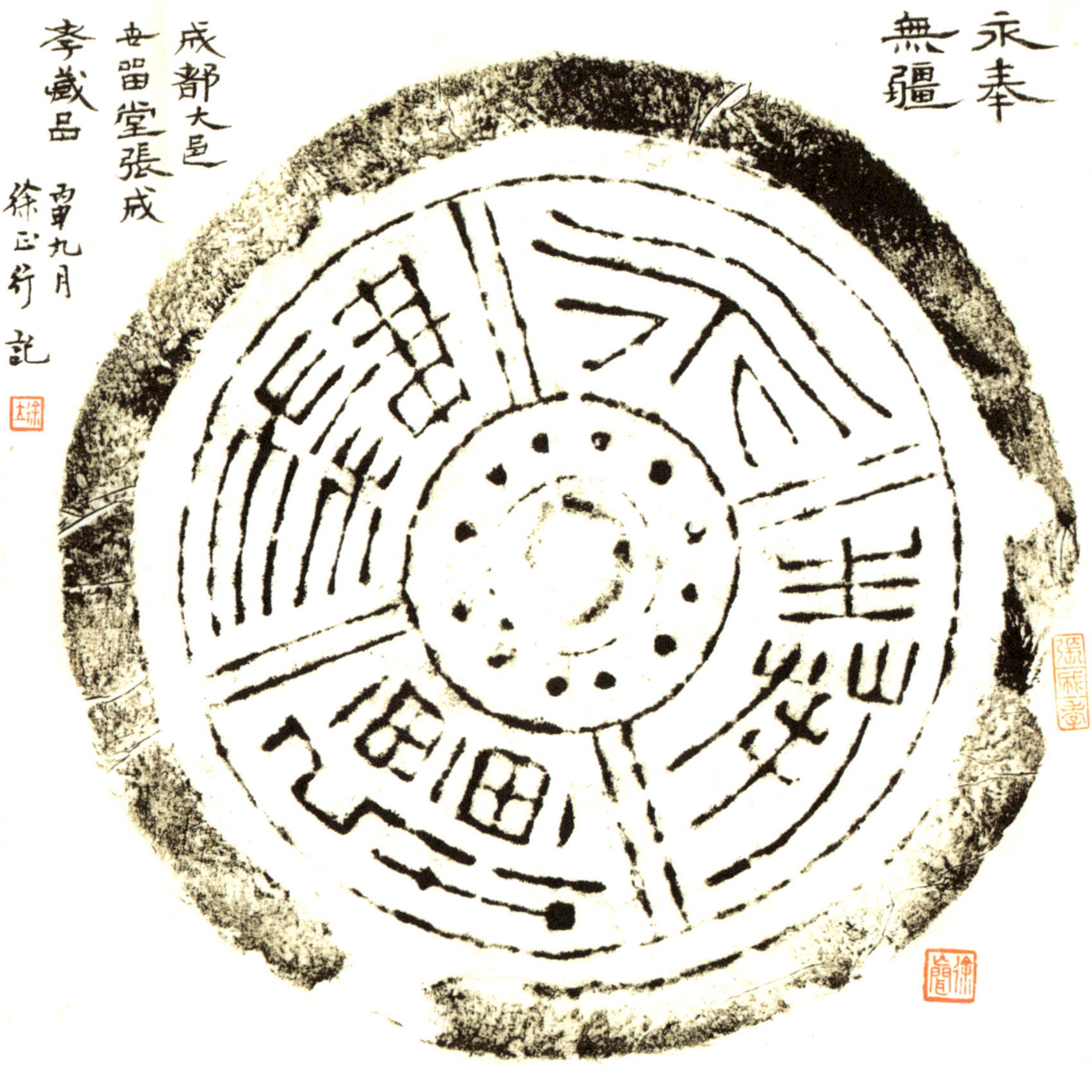

漢“永奉無疆”瓦當

漢瓦當

宜富昌

此當為成都徐氏歌商頌室舊藏，時過景遷，原物不知其踪，唯見紙耳。

丙申九月 徐正行

漢“宜富昌”瓦當

與天無極

前有天津胡氏寄贈元聞公與天無極瓦當拓片，云是秦瓦，與此略有不同。余以為瓦當上鑄吉語乃時風也，斷代當以出土地其他物件佐證方可無誤。

丙申九月

徐正行

漢“與天無極”瓦當

長生無極

丙申九月

成都 徐正行

漢“長生無極”瓦當

千秋萬歲 反文

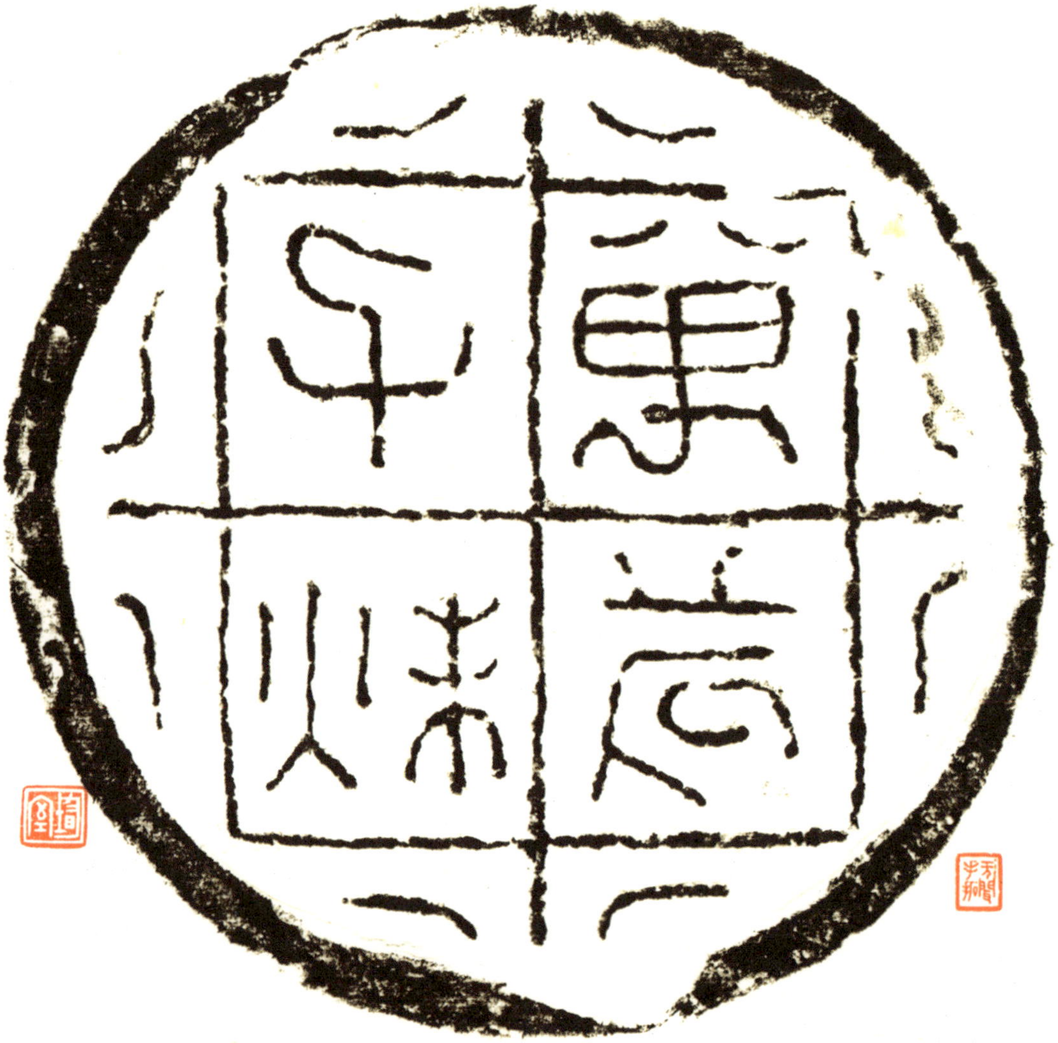

丙申九月 成都 徐正行

漢“千秋萬歲”瓦當

億年無疆

西南師範大學歷史博物館藏 辛未二月拓

漢“億年無疆”瓦當

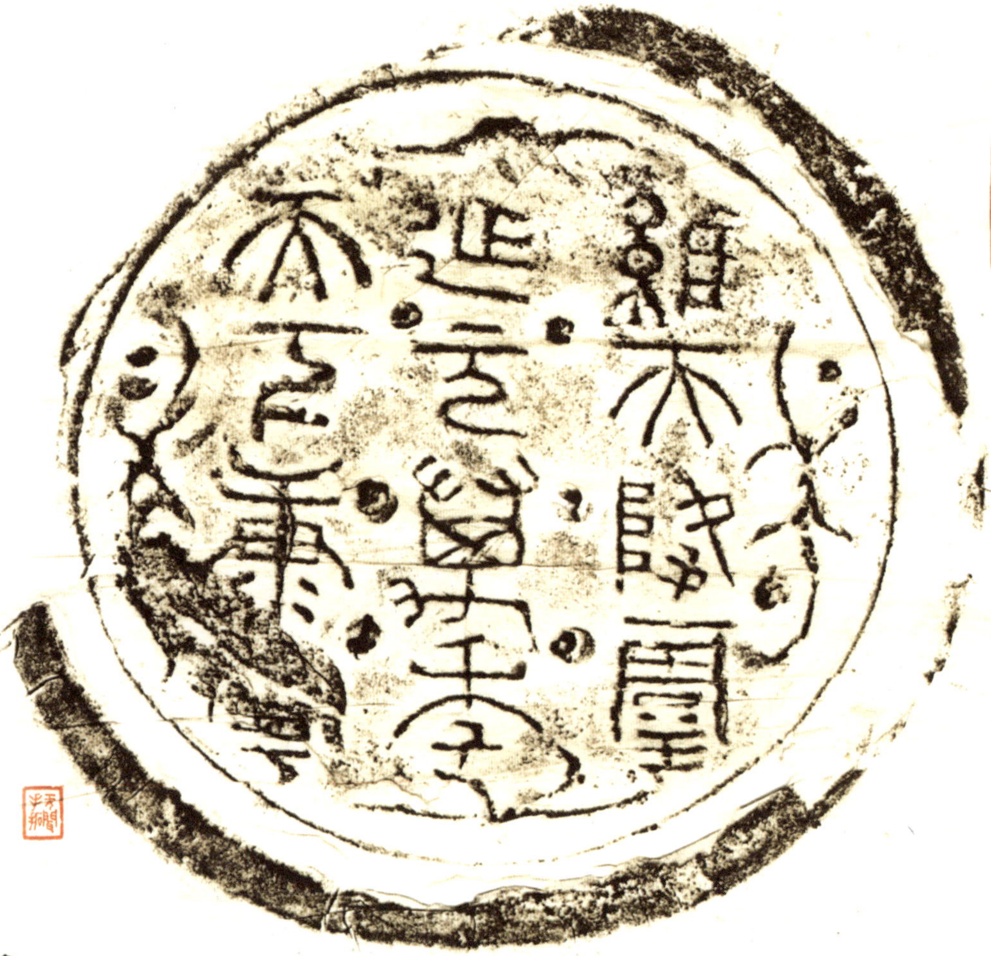

維天降靈
延元萬年
天下康寧
多字瓦當爲漢瓦當
中珍品字多易損此
拓完好書法古朴秀雅
子孫珍惜
戊戌清明 正行識

漢“維天降靈”十二字瓦當

漢“長勿相忘”瓦當

漢“大富吉”瓦當

漢“與華無極”瓦當

漢"長生無極"瓦當

漢“大富吉”瓦當

漢“大富吉”瓦當

漢“上林”半當

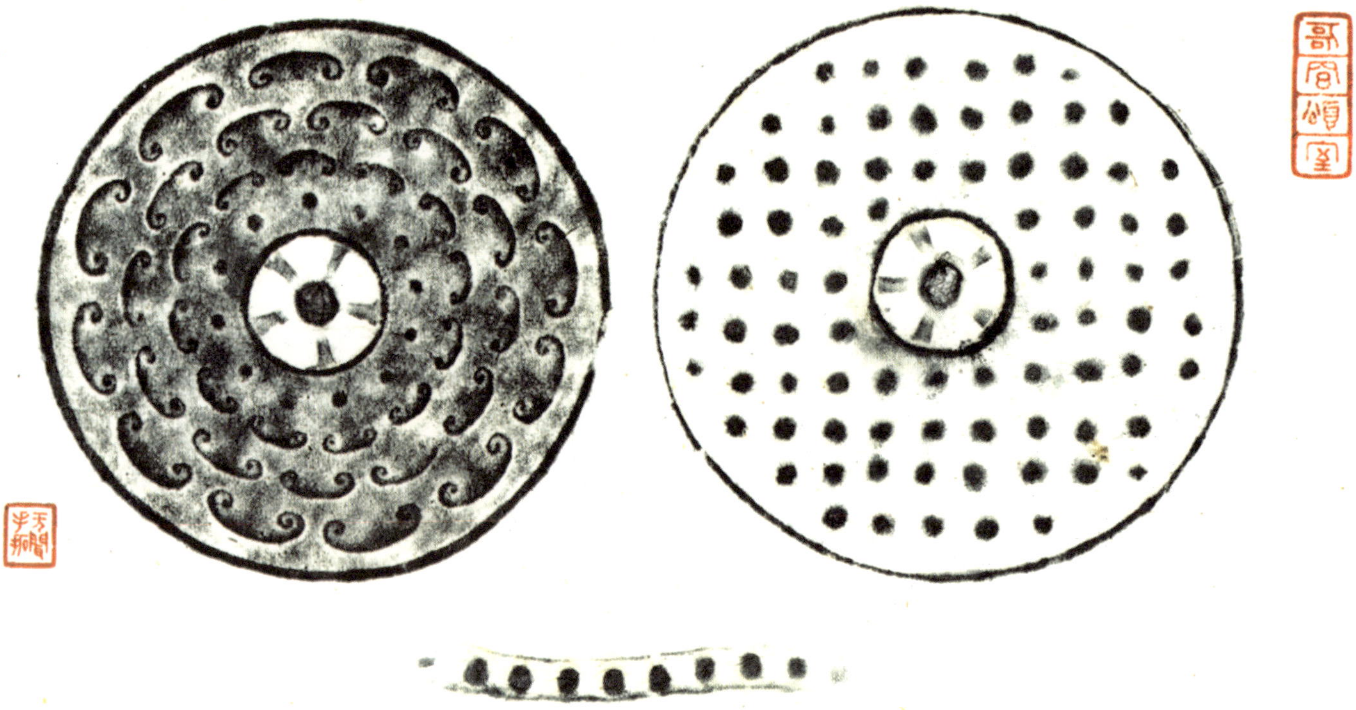

玉　璧

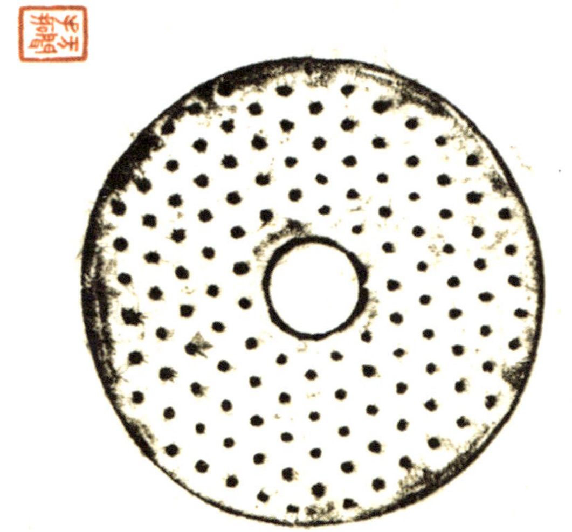

玉璧

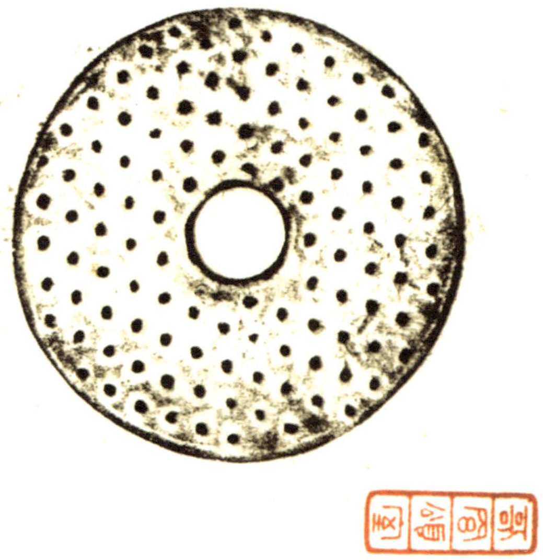

玉璧

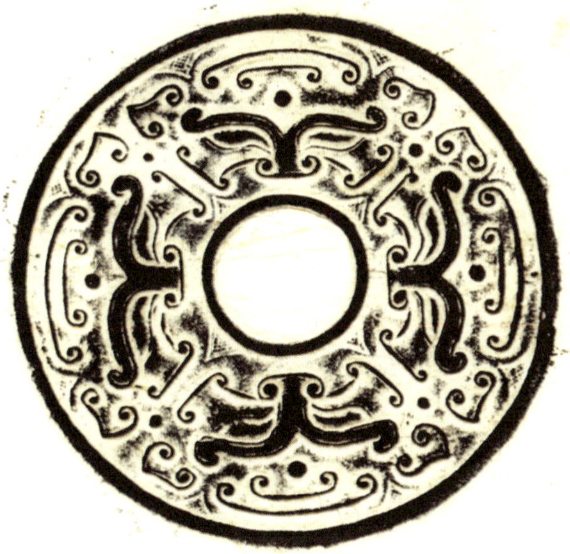

玉　璧

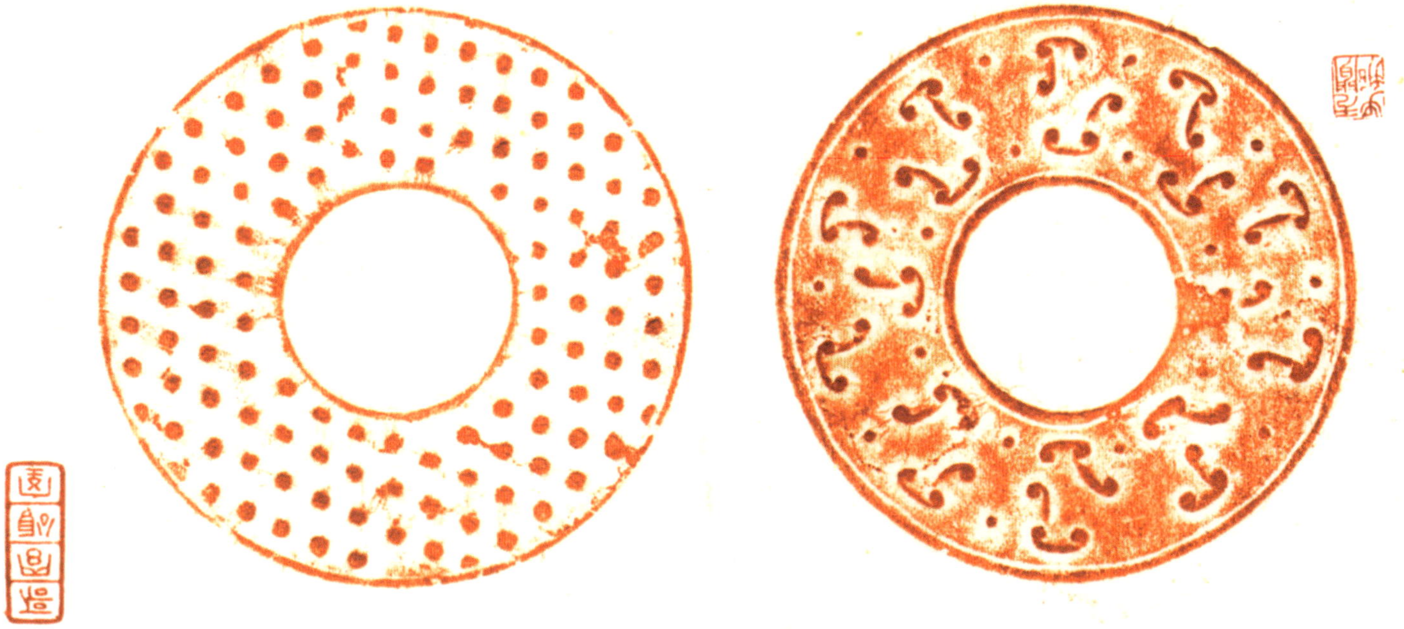

玉璧

玉　佩

玉　佩

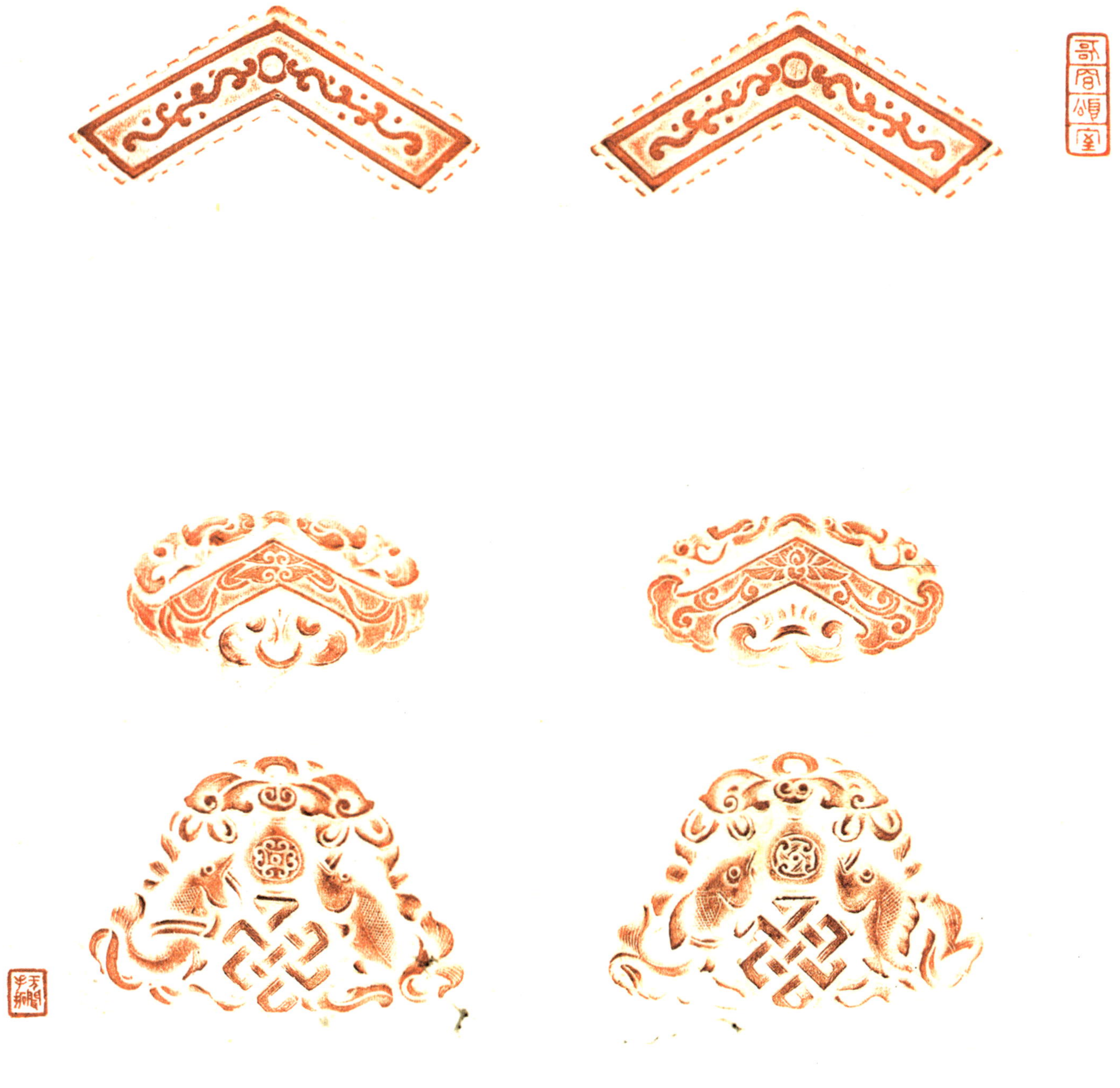

玉佩

玉　玦

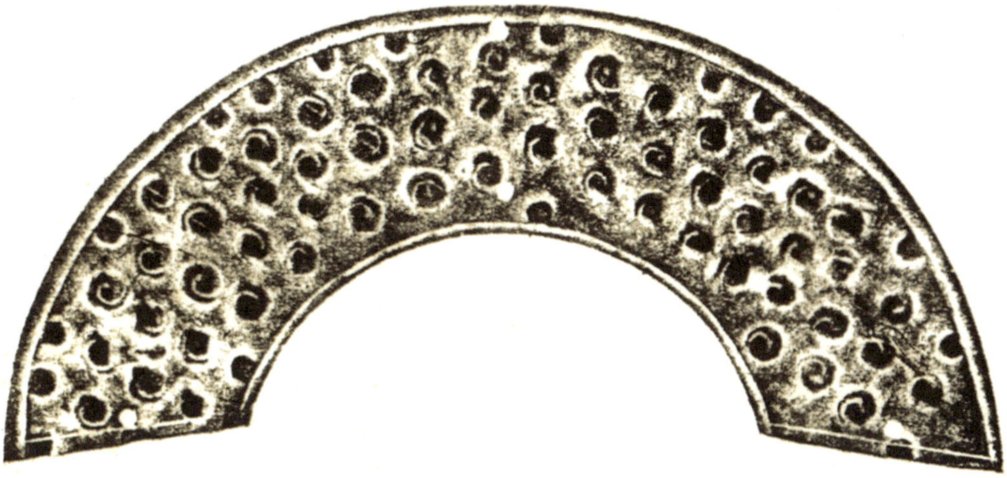

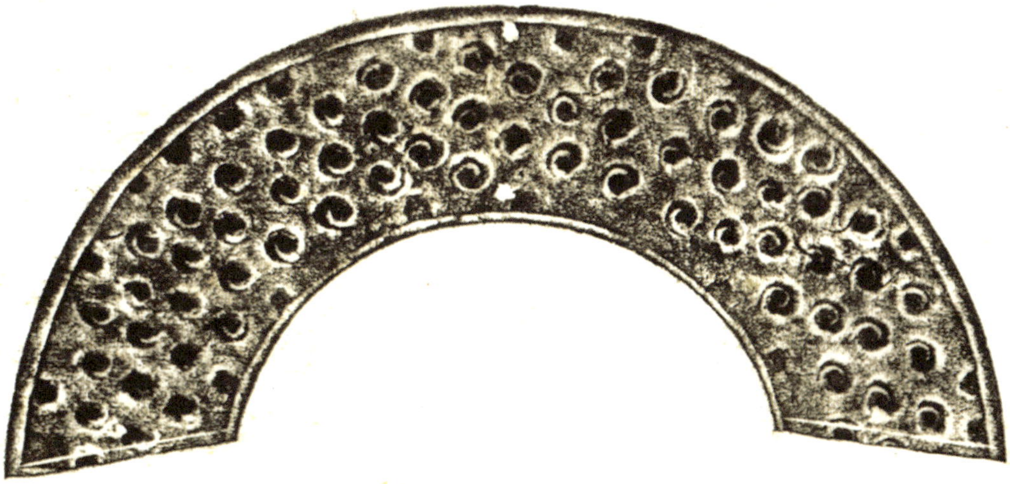

玉　玦

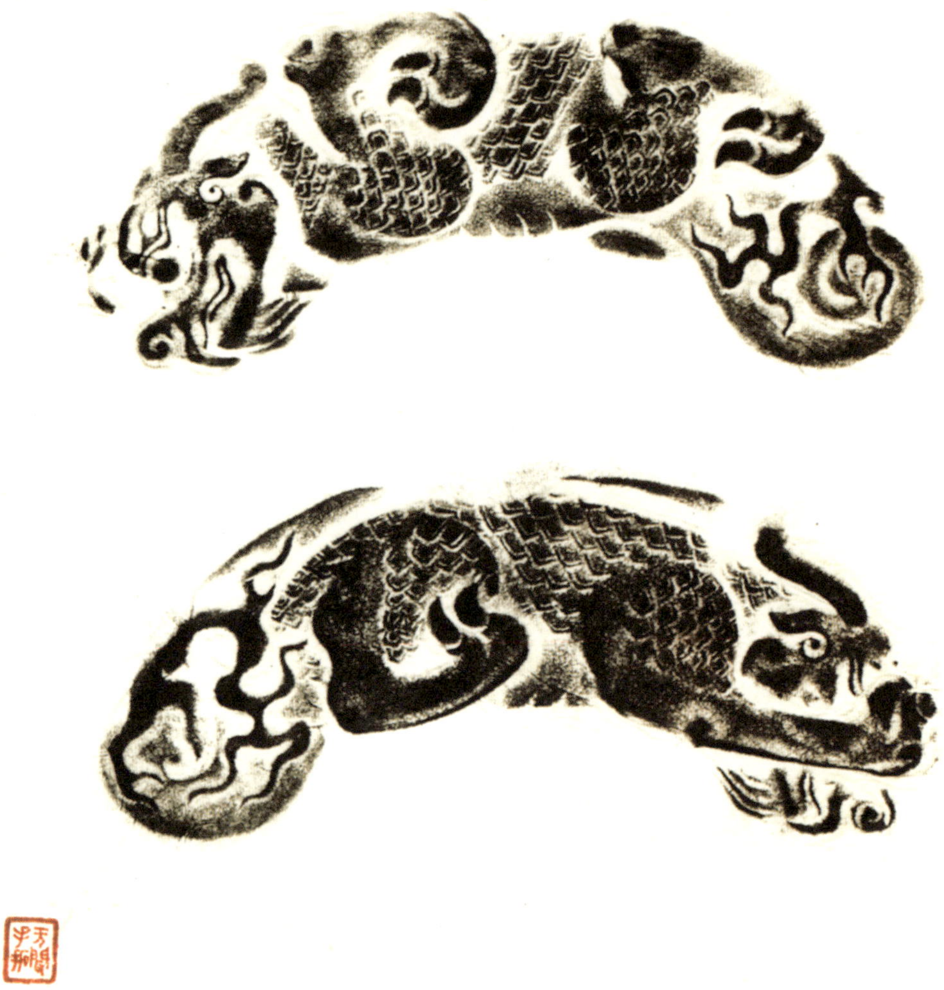

龍形玉玦

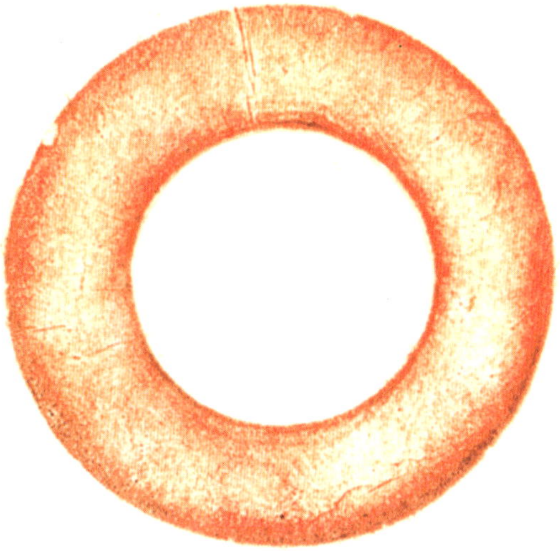

玉環

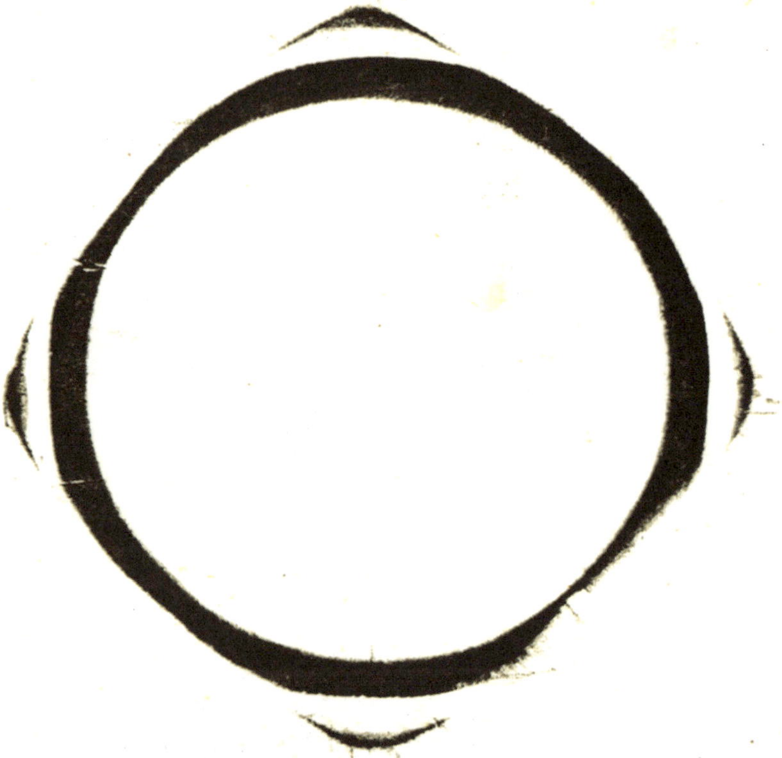

玉環

玉龍環

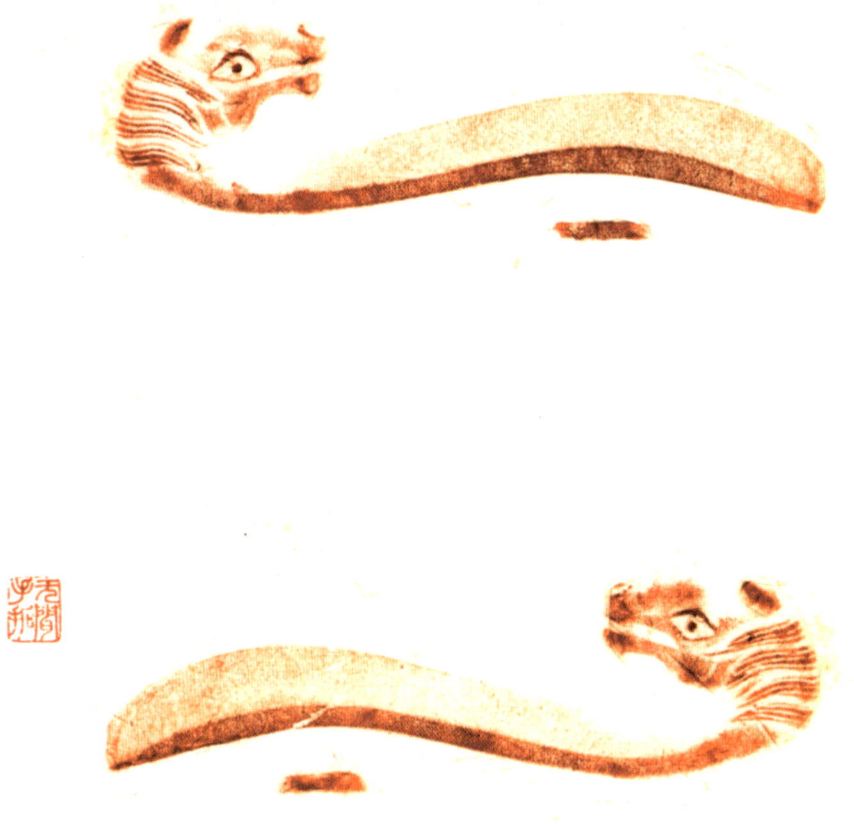

玉帶鈎

玉帶鈎

玉　龍

玉龜

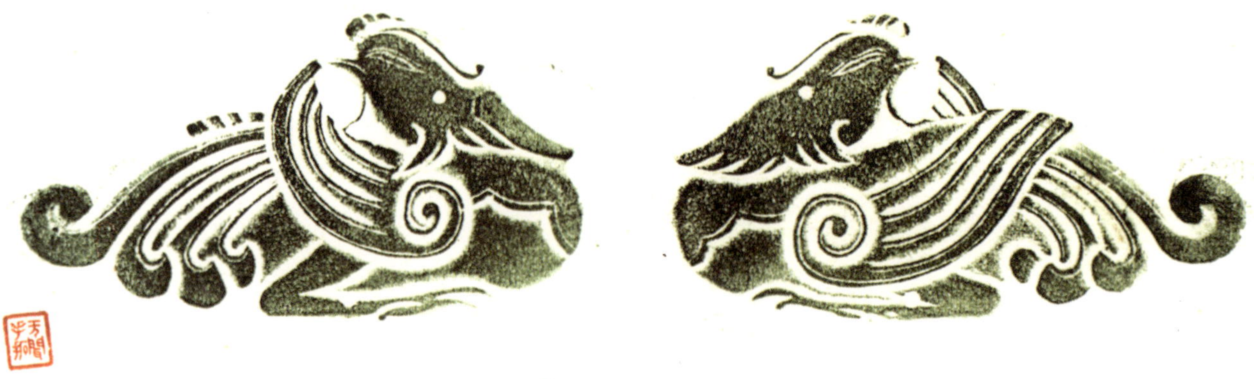

玉鴛鴦

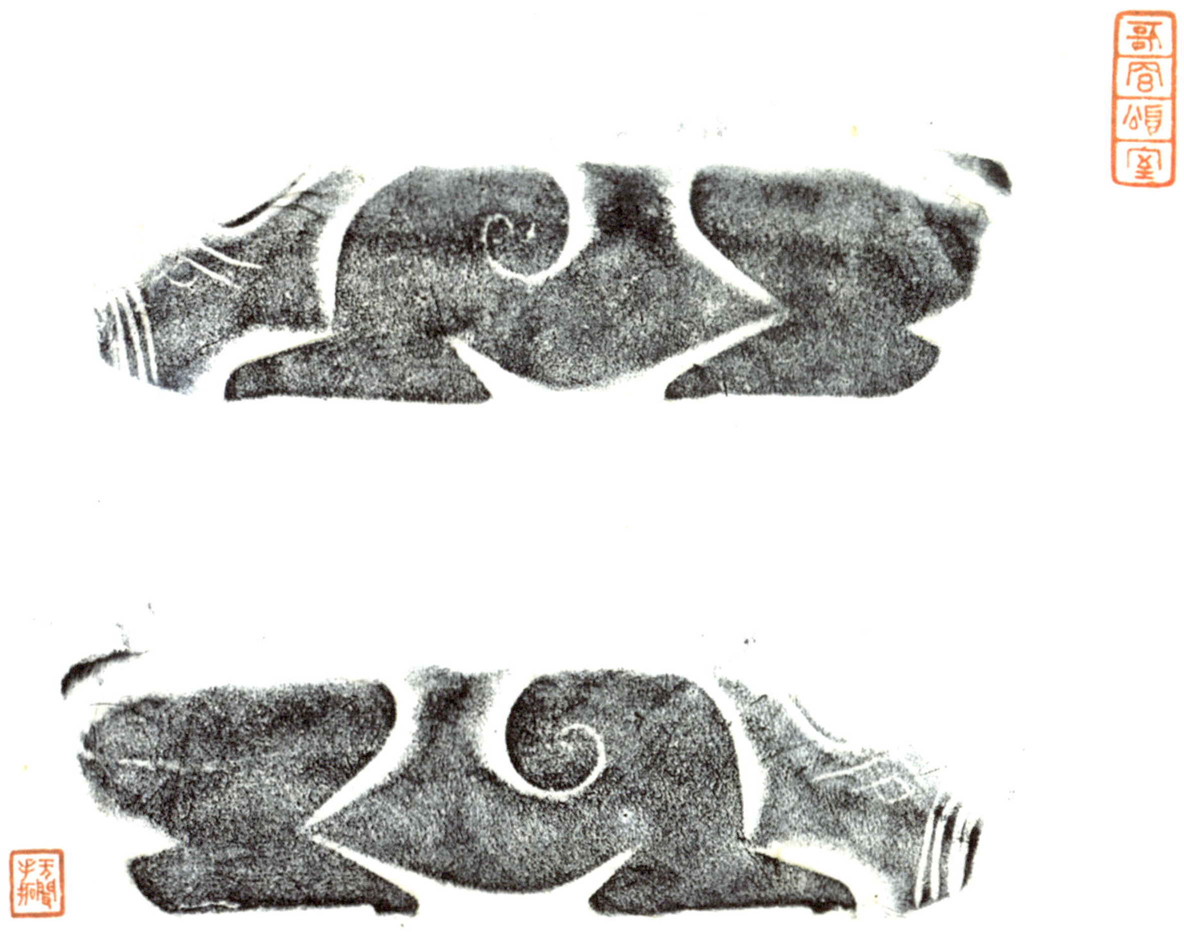

玉 猪

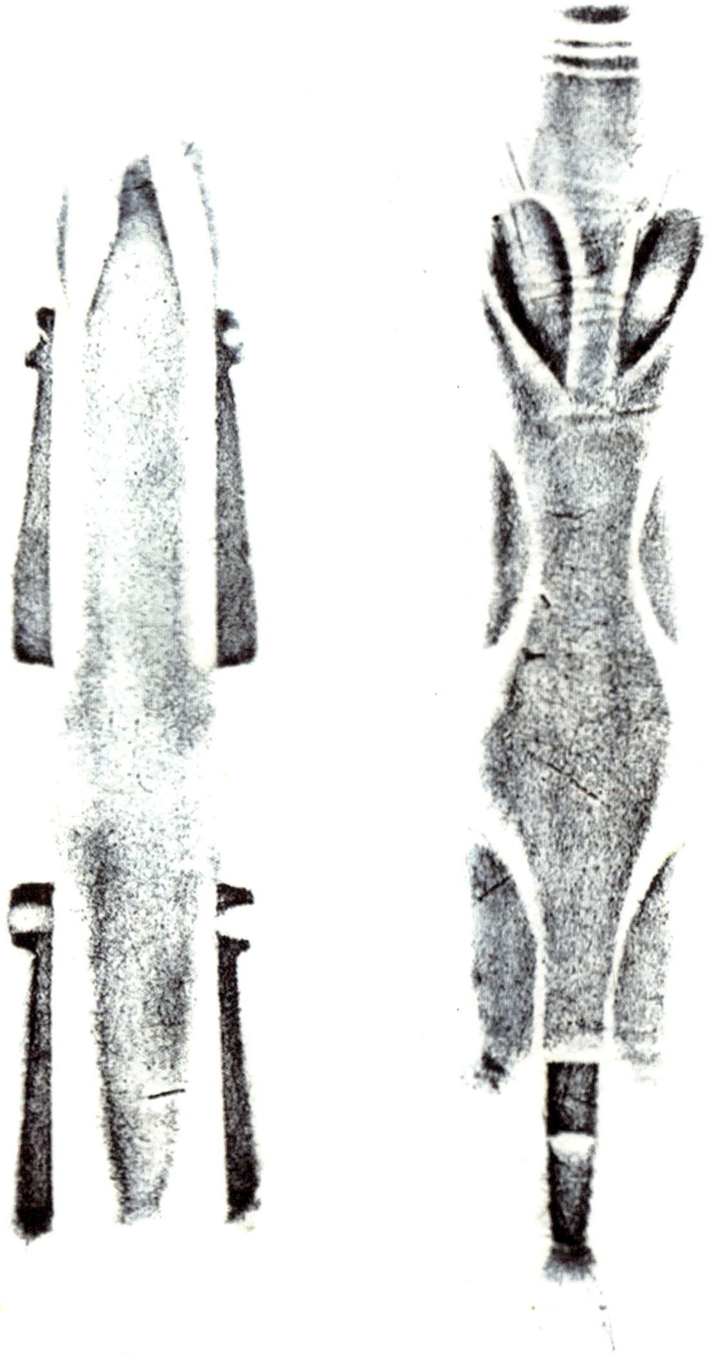

玉猪（脚、背）

螭龍玉雙瓶（一）

螭龍玉雙瓶（二）

青玉十八羅漢玉版（一）

青玉十八羅漢玉版（二）

御題詩香玉盤

宋“范”字款斗笠碗

宋暗花斗笠碗

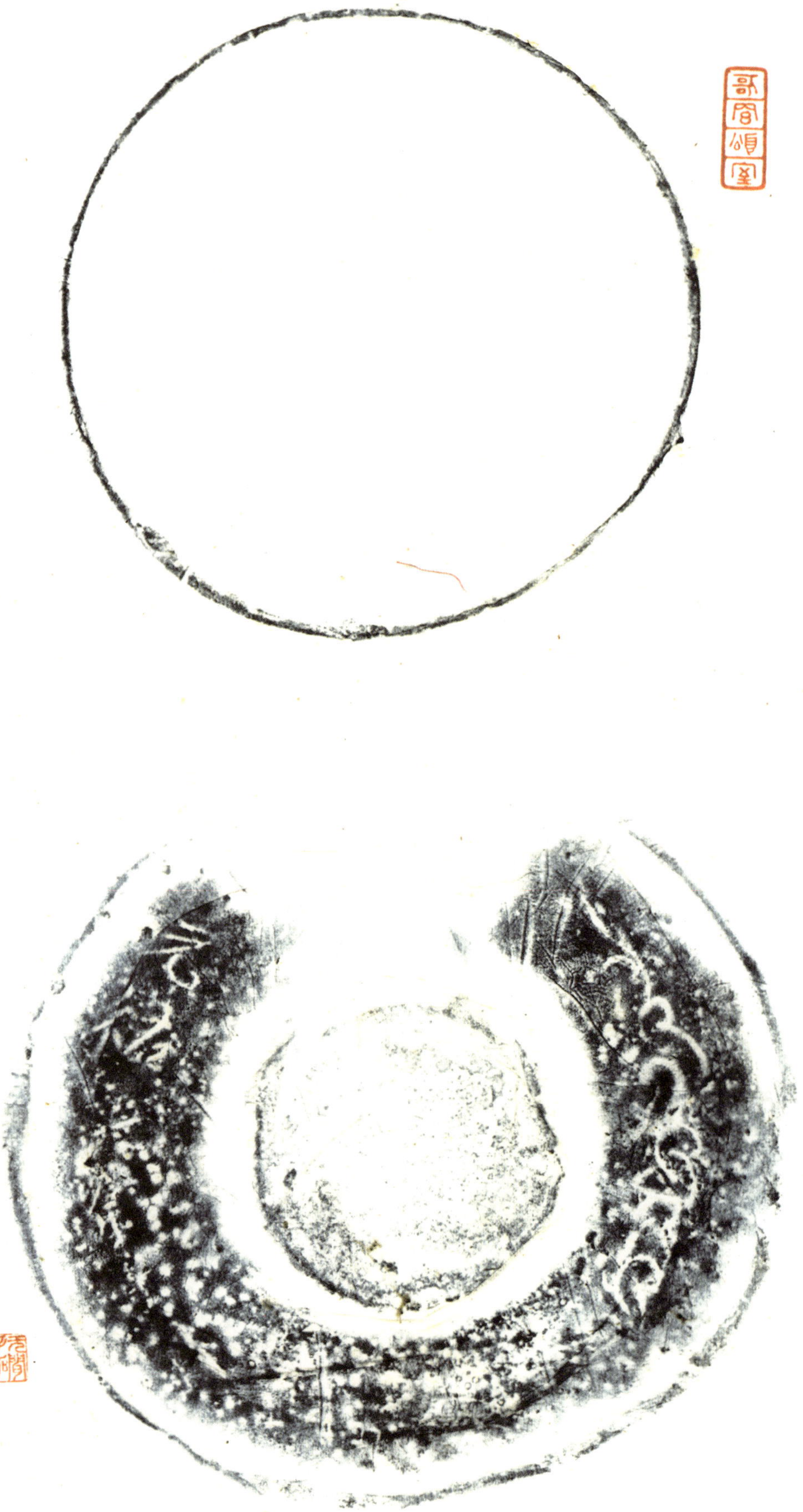

宋元祐碗

蘭紫砂壺 石梅款刻

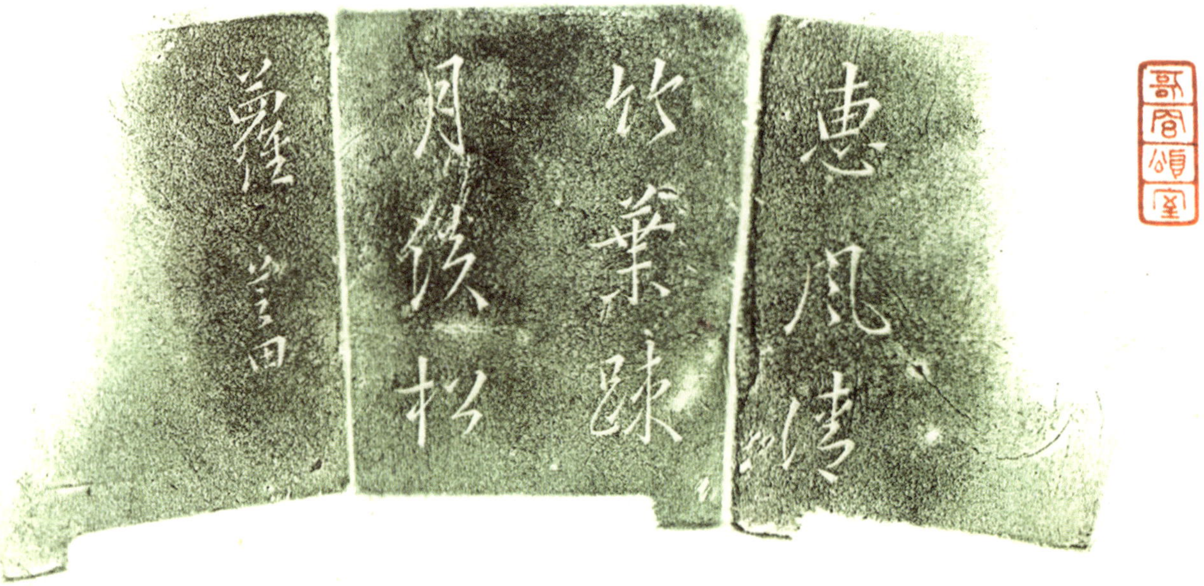

竹紫砂壶 芝田款刻

清道光飛鴻延年紫砂壺

清黃楊木雕高士卧飲擺件

紫檀筆筒高士游樂圖

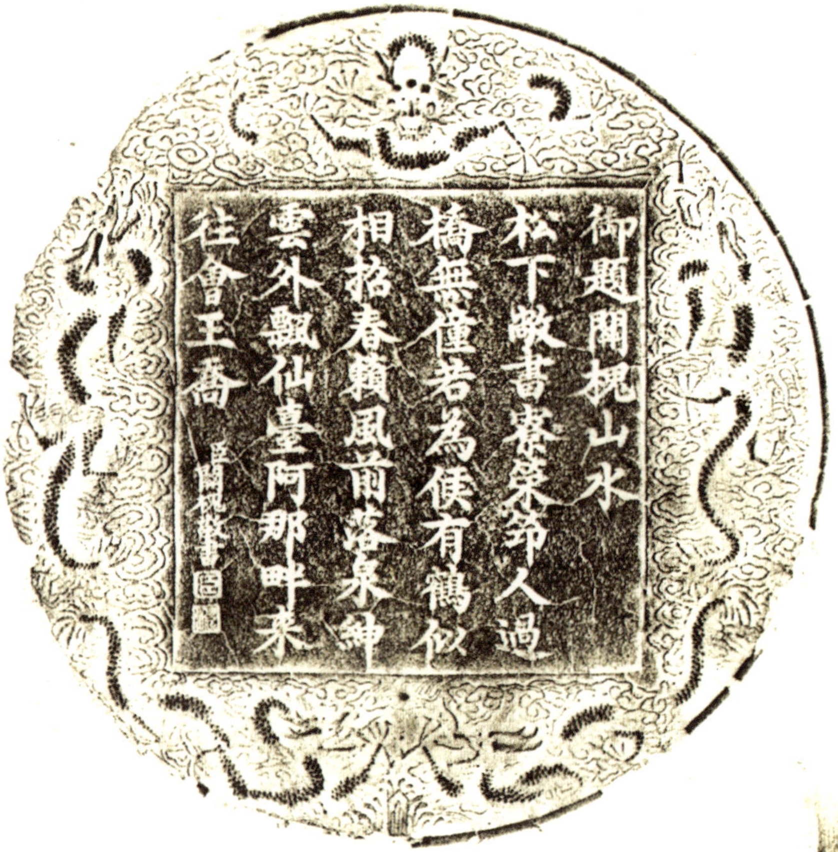
御題關槐山水
松下敞書齋槑筇人過
橋無僮若為使有鶴似
相招春韝風前落象紳
雲外飄仙臺阿那畔來
往會王喬
臣關槐敬書

乾隆三十年

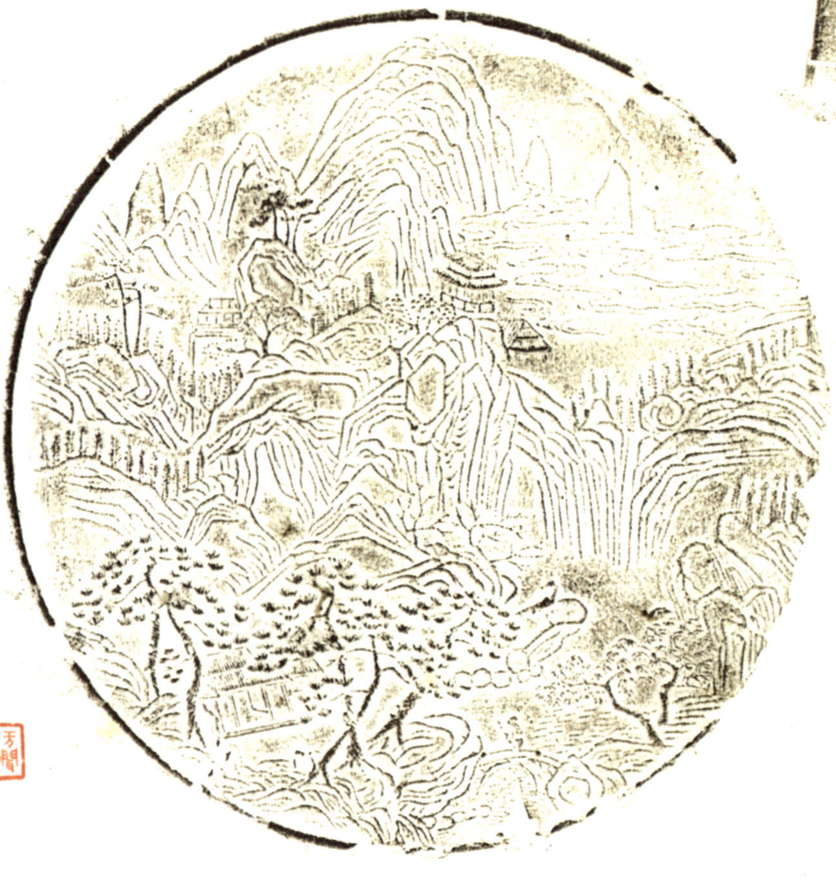

清乾隆御題詩古墨

清嘉慶製古墨（一）

清嘉慶製古墨（二）

清嘉慶製古墨（三）

清嘉慶製古墨（四）

黃楊臂擱 跋

四十年前獲于成都散市 風端迴旋有

戊申春莫之雄記

清嘉禾岳鴻慶餘三氏刻

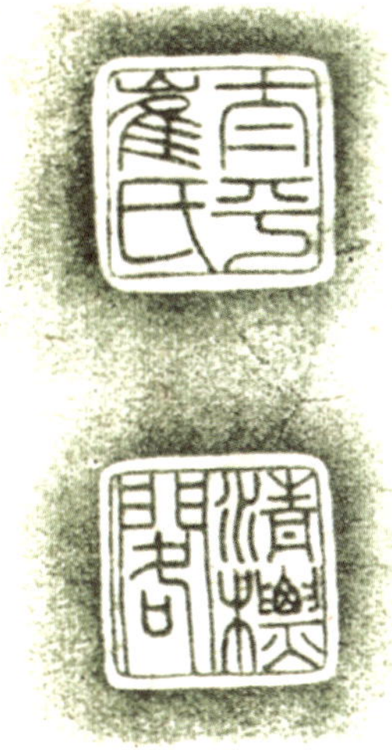

山水竹臂擱 清壽華款

清雙松竹臂擱

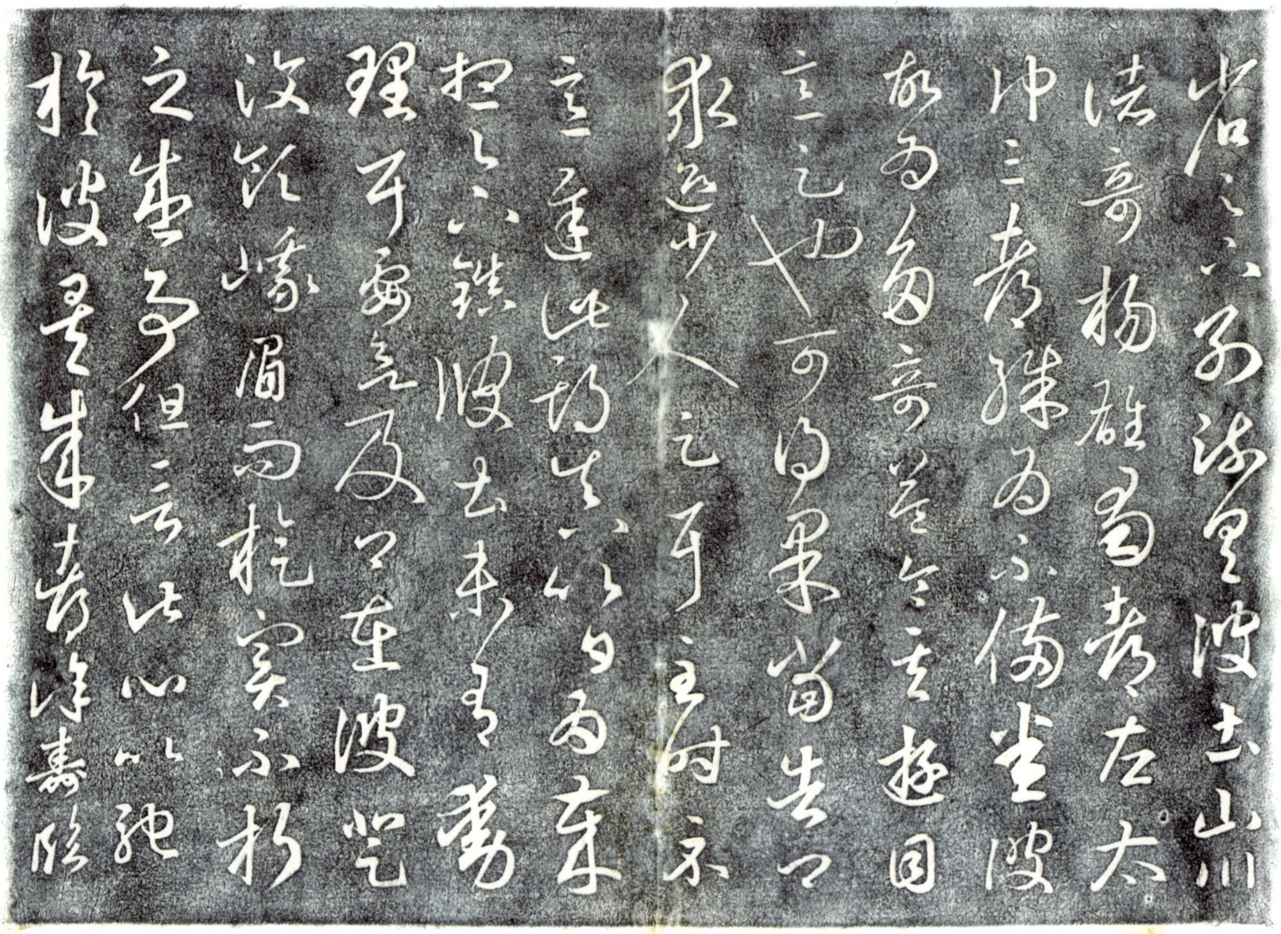

紅木小几《蜀都帖》 徐益生刻